라키비움J

J
포럼

《커다란 집》 박혜선 글, 이수연 그림, 한솔수북

Since 2018

라키비움J 10호 : 그림책은 집
ⓒ 전은주, 표유진, 오현수, 이시내, 임서연, 하예라

발행일 2025년 6월 14일
발행인 전은주　**편집장** 표유진　**책임 편집** 임서연
기자 오현수, 이시내, 하예라　**디자인** 노현옥
고마운 분들 권윤덕, 김혜미, 맥 바넷, 박세희, 박여원, 박준엽, 소피 블랙올, 송희경, 신순재,
　　　　　　신아미, 은미, 이미리, 이수연, 정정혜, 조수진, 존 클라센, 최연지

펴낸곳 (주) 제이포럼
등록일 2020년 10월 29일　**등록번호** 과천, 사00005
주소 (03832)경기도 과천시 별양로 164 711동 2303호(부림동)
전화번호 02-3144-3123　**광고 및 문의** books_ripening@naver.com
인스타그램 @larchi_j

ISBN　979-11-94834-01-4　04800
ISBN　979-11-975253-0-8 (세트)
ISSN　2734-1976

《라키비움J 10호 : 그림책은 집》을 위해 이미지 사용을 허락하고 보내 주신 모든 작가님과 출판사에 감사드립니다.
이 책은 저작권법에 따라 보호받음으로 무단 전재와 무단 복제를 금합니다.

표지 그림 《커다란 집》ⓐ 이수연

PICTURE BOOK
MAGAZINE
LARCHIVEUMJ

라키비움J

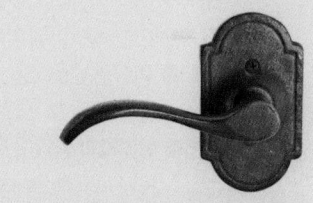

Vol.10 그림책은 집

차례

8 ● **발행인의 말** 그림책에게 배웠어

12 ● **편집장의 말** 그림책은 집이다

18 ● **그림책은 집 특집, 소피 블랙올 인터뷰**
조용히 문을 연다. 오래된 집 한 채, 그림책 한 권

48 ● **그림책 작가의 집** '나의 작은 화판'을 들고 '만희네 집'으로
50 ● 내가 본 책과 작가가 그린 책은 같고도 다르다
56 ● 온화한 어른들을 일상적으로 마주하는 것의 의미

64 ● **그림책과 함께 예술가의 집으로**
동양화를 알려 주는 빨간 집과 비밀의 정원, 박노수미술관
68 ● 《화가의 집, 박노수미술관》과 함께 미술관 하루 여행
70 ● 어린이와 함께 박노수미술관 100% 즐기기
74 ● 미술관 앞뜰 감상 포인트!

82 ● **하예라의 음악이 흐르는 그림책**
악기 이름만 알아도 더 잘 들려요! 오케스트라

92 ● **어린이 미술관** 신나는 우리 집을 상상해요

94 ● **임서연의 어린이가 사랑하는 그림책**
《이안의 멋진 집》 신아미, 박준엽 부부 작가 인터뷰

100 ● **어린이 미술관** 특별한 우리 집을 상상해요

102 ● **그림책이 만난 건축가** 안도 다다오, 훈데르트바서, 안토니오 가우디
104 ● 안도 다다오를 만나러 '뮤지엄산'으로
108 ● 훈데르트바서의 편지
110 ● 안토니오 가우디의 편지

116 ● **박여원 번역가의 건축 그림책**
건축 설계는 그냥 집을 예쁘게 지으면 되는거 아니에요?

122 ● **그림책이 있는 공간**
　　　그림책 작가 조수진의 취향과 흥, 맛과 멋으로 가득한 어흥당 방문기

128 ● **오현수가 만난 그림책 작가**
　　　라키를 보고 이들이 외친 말 "우리가 만들고 싶은 잡지랑 똑같아!"
　　　맥 바넷과 존 클라센 인터뷰

140 ● **그림책 작가 이수연의 《비가 내리고 풀은 자란다》 창작 노트**
　　　나는 왜 깊은 초록을 담은 숲을 그려야만 했을까?

150 ● **그림책을 닮은 집**
　　　사계절 자연 놀이터를 품은 민토리숲을 소개합니다!

156 ● **그림책, 지구를 생각하다**
　　　우리는 지금, 《딱 알맞은 집》에서 살고 있을까? 신순재, 은미 작가 인터뷰
161 ● 어린이 환경 프로젝트 '지구는 모두 함께 사는 집'

164 ● **표유진의 그림책 사전**　그림책과 동화책 같을까? 다를까?

168 ● **이시내의 물성으로 보는 그림책**　표지를 펼치면 문해력이 열린다!

178 ● **전은주의 그림책 활용백서**
　　　침묵의 그림책? 알고 보면 가장 시끄러운 책! 글 없는 그림책 읽는 법

184 ● **정정혜의 영어 그림책**　초강력 추천! 자그마치 7가지 보드북

186 ● **최연지의 질문하는 그림책**　거짓말은 모두 나쁜 것일까?

190 ● **그림책 NEWS**　2025 전주국제그림책도서전
192 ● **그림책 NEWS**　2025 IBBY 아시아태평양 국제 컨퍼런스

속도와 거리는
하나도 중요하지 않아
스쳐 간 풍경들은
마음속 그림으로
시작해 봐, 너답게
나 비뚤어질 거야
그래서 뭐?

난 충분히 멋져!

발행인의 말

그림책에게 배웠어

전 참나무가 따로 있는 게 아니라 떡갈나무, 신갈나무, 졸참나무 이런 나무들이 전부 참나무란 걸 아이 낳고 처음 알았어요. 도토리가 열려서 동물들이 먹을 수 있으면 다 참나무라고 하대요? 꽃도 먹을 수 있는 진달래는 참꽃, 못 먹는 철쭉은 개꽃. 우리 조상님은 먹을 수 있나 없나로 참이냐 아니냐를 많이 정하셨더군요. 소나무는 바늘잎이 두 개이고, 잣나무는 다섯 개라는 것도 아이를 키우면서 알았습니다. "바늘잎이 두 개니까 시옷, 소나무. 다섯 개면 '자' 해서 잣나무." 이렇게 외웠어요. 머리를 '올백'한 올빼미는 귀깃이 없이 이응같이 생겼고, 부엉이는 양쪽에 귀깃이 있어서 비읍같이 생겼어요. 플라타너스 가로수는 전쟁통에 굶은 아이처럼 허옇게 버즘이 펴서 우리말 이름은 버즘나무, 은행나무는 돈 넣어 놓는 은행이 아니라 열매가 살구같이 생겼는데 흰색 은색이라서 '살구 행' 자에 '은빛 은' 은행나무. 봉선화와 봉숭아가 같은 꽃이라는 것도 아이 키우면서, 정확하게는 그림책을 읽어주면서 알게 됐습니다.

아이와 함께 그림책을 읽으면서 알게 된 게 어디 나무 이름 꽃 이름뿐일까요. 세상 사는 비밀을 많이도 배웠습니다. 《누가 내 머리에 똥 쌌어?》가 생각나요. 누가 두더지 머리 위에 똥을 싸고 가 버렸습니다. 두더지는 동물들을 찾아다닙니다. "네가 내 머리에 똥 쌌니?", "아니야. 내 똥은 이렇게 생겼는걸." 동물들은 저마다 자기 똥을 보여줘요. 마침내 두더지는 똥 싼 범인을 찾아냅니다. 커다란 개 한스예요. 두더지는 한스 머리 위에 자기도 똥을 쌉니다. 그러곤 의기양양해서 돌아오죠. 제가 얼마나 답답했는지 몰라요. 바보 두더지야. 그놈은 네 머리에 모자만큼 커다란 똥을 싸고 갔는데, 너는 눈곱만한 똥을 싸고는 복수했다고 생각하는 거야? 더 싸야지! 너도 커다란 똥을 싸고 와야지! 버럭 흥분한 저에게 네 살 딸아이가 말했습니다. "엄마. 자기 똥보다 더 큰 똥 누면, 똥꼬 찢어져."

《고 녀석 맛있겠다》는 어쩌다 보니 초식 공룡의 아빠가 돼 버린 티라노사우루스의 이야기인데요. 자기를 희생하는 티라노사우루스를 보면서 이번에는 아들이 말해주었어요. "암만 악당이라도, 속에는 착한 마음이 쪼끔이라도 있나 봐. 아기 공룡이 준 열매를 먹어서 그래. 요술 열매였나 봐!" 그렇군요. 착한 마음은 내가 먼저 건넨 열매 덕분에 생기는 것이군요. 딱 고만큼!

아이들과 그림책을 읽으며 늘 무언가를 배웠던 것 같아요. 제목만 읽어도 느끼는 게 많았죠. 《속도와 거리는 하나도 중요하지 않아》《스쳐간 풍경들은 마음속 그림으로》《시작해 봐, 너답게》…, 아이에게 읽어 주다 보면 저 자신도 함께 듣습니다. 때론 세상을 향해 외치기도 하죠. 《나 비뚤어질 거야》《그래서 뭐?》 그리고 들어도 들어도 좋은 말. 《난 충분히 멋져!》

저와 함께 그림책을 읽으며 세상을 배우고, 서로에 대해 더 많이 알아갔던 작은 꼬맹이들은 이제 성인이 되어 아주 가끔만 그림책을 읽습니다. 그 시절의 그림책은 우리 집 책장을 떠났지만, 그때 우리가 나눈 웃음과 이야기, 세상을 바라보는 작고 용감한 시선은 고스란히 우리에게 남아 있습니다. 저는 오늘, 그림책에서 배운 대로 세상에 작은 열매를 건넵니다.

2025년 5월 전은주

《숲의 시간》 윌리엄 스노우 글, 앨리스 멜빈 그림, 이순영 옮김, 북극곰

편집장의 말

그림책은 집이다

어느덧 열 번째 〈라키비움J〉이다. 여러 사람들의 열정과 노력을 거쳐 드디어 열 손가락을 모두 펼친다. 하나하나 정성껏 가득 채운 느낌이 참 만족스러운 숫자다. 앞으로 오래도록 그림책 이야기를 할 수 있을 것 같은 자신감이 든다. 새 옷을 입고, 새 단장을 하며 설레는 마음으로 1을 쓰고, 0의 무한함에 힘을 준다.

이번 호의 정식 제목은 《라키비움J 10호 : 그림책은 집》이다. 그동안 익숙하게 써왔던 색깔 대신 '그림책' 옆에 '집'이라는 명사를 붙였다. 사실 새로운 이름을 짓기까지 오랜 고민이 있었다. 그림책에 담긴 여러 이야기를 하나의 명사 안에서 의미 있게 다루고 싶었고, 〈라키비움J〉에게 있어 그림책은 어떤 의미인지도 제목에 담고 싶었다. 구구절절 설명하지 않아도 여러 의미들이 마음들이 잘 전달되는 그런 단어는 없을까?

처음 떠오른 단어가 '집'이었다.
더 좋은 단어가 있을 것 같아 고민이 길어졌지만, 어느 순간 '집'보다 더 좋은 시작은 없다는 확신이 들었.

가장 나다울 수 있는 공간, 일상을 살아가는 곳이자 나를 보호해 주는 곳, 나라는 사람이 누구인지 뿌리를 내리고 정체성을 만들어 가는 곳, 그리고 무엇이든 해 볼 수 있는 자유로운 공간. 집의 의미를 하나씩 열거하다 보니 〈라키비움J〉에게 있어 그림책은 정말 집과 같은 곳이었다.

'그림책은 집이다' 이 문장을 떠올렸을 때 마음 깊은 곳이 따뜻해졌다. 우리가 하는 일이 독자를 그림책의 집으로 초대하는 일이란 생각이 들었다. 때로는 성대한 파티를 열고, 때로는 정성껏 집밥을 짓고 소박한 식사 자리를 마련했다. 그림책을 앞에 두고 우리들은 나다움을 드러내고, 상상을 하고, 사랑을 배웠다. 10권의 잡지가 만들어지는 동안 그림책 집에서 독자들과 〈라키비움J〉가 함께 만든 추억도 겹겹이 쌓여 간다. 대문을 활짝 열고 그림책을 만드는 이들과 그림책을 즐기는 이들 모두를 환영한다.

이번 호를 준비하며, 또 기사 하나하나가 완성될 때마다 나는 흥미로운 경험을 했다. 지극히 개인적인 나의 이야기들이 기사마다 자연스레 연결되는 것이다. 그림책 작가가 들려주는 이야기에서, 그림책 속 주인공의 모습에서, 그림책을 보는 사람들의 표정에서 나는 자꾸만 나의 모습을 떠올린다. 편집장에게 기사는 '공적인' 영역인 것을, 이게 가장 사적인 공간 '집'의 마법일까. 그림책의 집에서 나의 집을 떠올려 본다.

그림책 작가의 집 '나의 작은 화판'을 들고 **'만희네 집'**으로는 나의 기억 속 첫 번째 집을 생각나게 한다. 아빠의 출근용 오토바이가 담벼락 앞에 서 있고, 파란 대문을 열면 작은 마당과 수돗가가 있었다. 엄마는 연보라색 원피스를 자주 입었는데, 머리는 왜 그리도 뽀글뽀글했던지. 양갈래로 머리를 땋은 동생은 참 자주 울었다. 작은 방에는 자개 장식의 화장대가 있었는데, 나는 화장대 위에 올라 앉아 있는 걸 좋아했다.

권윤덕 작가님 옆집에 사는 시경이 시윤이 가족의 글은 빨간 장미 넝쿨이 예뻤던 옆집도 생각나게 했다. 옆집 아저씨는 우체부였고, 중학생 언니가 종이 인형을 잘 오려주었다. 다정한 이웃과 젊은 부모, 그리고 마당에서 자전거를 타던 어린 나. 희미한 기억이 베이지 색 따뜻한 빛으로 나에게 스며든다.

소피 블랙올이 들려준 《언덕 너머 집》의 이야기는 독립을 하기까지 가족과 함께 살았던 두 번째 집, 수북아파트 205호를 생각나게 했다. 그 집에서 막내 동생이 태어났고 난 처음으로 내 방을 갖게 되었다. 거실에 옹기종기 모여 앉아(정확히는 누워) 텔레비젼을 보던 가족의 모습이 가장 선명한 집의 기억이다. 나는 그곳에서 많은 사랑을 받았고, 안전하게 성장했다.
한동안 그 집은 나의 부모가 만든 가장 커다란 집이었다. 하지만 우리 세 남매가 모두 떠나고 몇 년 후 부모님은 그 집을 팔았다. 지금 부모님이 살고 계신 집은 내가 단 한 번도 살아 본 적 없는 집이다. 그래서 '우리 집'이 아닌 '엄마 집'이라고 부른다. 하지만 수북아파트 205호는 나와 두 동생, 그리고 부모님 모두에게 영원한 '우리 집'이다.
《언덕 너머 집》에는 열두 아이가 살았다. 아이들의 웃음소리로 북적이던 집은 아이들이 한 명씩 집을 떠나며 점점 고요해졌다. 마침내 가족 모두가 집을 떠났다. 하지만 그들의 집은 소피 블랙올의 그림책 속에 남아 영원히 가족의 이야기를 간직한다.

이후 난 신촌의 '하숙방'과 홍대 앞 '자취방'을 거쳤고, 결혼을 한 뒤 다시 '우리 집'에서 살고 있다. 지금 사는 집은 아마도 내 아이가 자신의 '두 번째 집' 쯤으로 기억할 것이다. 집 안 곳곳 내가 고르고 모은 물건이 있다. 아이의 흔적이 있고, 남편과 내가 함께 기르는 식물이 자라고 있다. 우리 집에 오는 사람들은 꽃무늬 커텐과 방 안 가득 그림책을 우리 집의 첫인상으로 꼽는다. **《화가의 집, 박노수미술관》 기사를 준비하며 사람을 닮은 집**에 대해 생각했다. 우리 집이 단정하고 따뜻했으면 좋겠다. 화가의 집처럼 꽃이 피는 집이면 더욱 좋겠다.

박혜선 글, 이수연 그림의 《커다란 집》은 나에게 꼭 맞는 집에 대한 생각을 하게 한다. 타인의 기준과 삶이 아닌, 진짜 나를 향한 행복에 대해 말이다. 이번 호를 만들며 나는 어떤 집에서 살고 있는가를 많이 생각했다. 내가 가장 편안하고, 즐거울 수 있는 곳이 나의 집이었으면 한다.
《숲의 시간》에는 자연스런 행복으로 가득 찬 열두 채의 집이 등장한다. 한 집씩 방문하다 보면 일 년의 시간이 흐른다. 봄, 여름, 가을, 겨울 사계절이 가고 다시 꽃이 피는 봄이 온다. 우리 모두 각자의 행복으로 가득 찬 집에서 사계절을 보내기를 바란다.

2025년 6월 표유진

우리, 섬에 가 보자!
김민우 그림책

**처음으로 둘이서만 집을 나선 가지와 굴의
시원하고 짭짤한 바다맛 여행기**

"이 책을 읽고 어딘가로 가고 싶어졌으면 좋겠어요.
어떤 식으로든 어디로든 떠나는 사람만이
자기의 길, 자기의 이야기를 발견할 수 있을 테니까요." 김민우

여름이 오기 전에
김진화 그림책

**투명한 푸른 빛으로 반짝이는 여름의 공기가
말랑해진 마음을 두드릴 때,**

"여행에 너무 많은 짐은 필요하지 않아요.
그것만으로 충분한 것이 무얼지 헤아려 보세요." 김진화

문학동네 www.munhak.com

[온그림책] 024

"나는 너의 옆집에 살아."
삶의 가장 낮고 조용한 자리에서 건네는 다정한 고백.
그 한 마디가 필요한 누군가에게…

자기 정화의 시인 성동혁과
마음의 풍경을 그리는 일러스트레이터 다안의
시 그림책

선천적인 병으로 긴 시간을 병실에서 보낸 주인공은,
어느 날 창밖의 산을 바라보며 친구에게 말합니다.
"나는 한 번도 산에 올라가 본 적이 없어."
그 말을 잊지 않은 친구 일곱 명이 뜻을 모읍니다.
친구들은 알루미늄 지게와 응급 의료 장비,
카메라를 챙겨 주인공을 업고 산으로 갑니다.

성동혁 지음 | 다안 그림 | 22,000원

🍀 기꺼이 누군가의 옆이 되고 싶다는 바람을 품게 된다 _시인 오은
🍀 너와 나의 옆집에 서로 시가 되어 사는 이야기 _아동문학평론가 김지은
🍀 통증의 언어가 몸과 마음을 치유한다 _소설가 정용준

홈페이지 https://bombyeott.co.kr
 봄볕은 올마이키즈(www.allmykids.or.kr)와 함께 어린이를 후원합니다

"오늘 아빠의 날씨는 매우 나쁨!"

시시각각 날씨처럼 변하는 감정을
어린이의 시선으로 유쾌하게 담은 그림책

알트미글 | 송수혜 그림 | 44쪽 | 16,800원

"기다림은 고요하지만 헛되지 않아요."

누군가에게 머무르고 싶은 곳이 된
작은 섬의 이야기

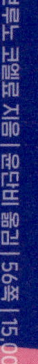

보부느 코엘료 지음 | 문단비 옮김 | 56쪽 | 15,000원

www.ddstone.com

뜨인돌어린이

그림책은 집 특집, 소피 블랙올 인터뷰
조용히 문을 연다.
오래된 집 한 채, 그림책 한 권

누군가 머물다 떠난 뒤에도
집은 그들의 이야기를 오랫동안 간직한다.
무너진 지붕과 뒤엉킨 덤불, 바람에 깨진 창문…
버려진 그 집에 이야기가 살고 있다.

〈언덕 너머 집〉

"우리가 살아가고, 일하고, 사랑하고, 경험을 쌓고, 기억을 기록하는 장소, 그 모든 것이 집이죠. 제 책 대부분은 어떤 방식으로든 '집'에 대한 이야기예요."

《언덕 너머 집》 소피 블랙올 글·그림, 정회성 옮김, 비룡소

미국 칼데콧 상 대상 2회 수상
뉴욕 타임스 '올해의 베스트 그림책' 5회 선정
한스 크리스티안 안데르센 상 미국 대표 작가

《안녕, 나의 등대》 소피 블랙올 글·그림, 정회성 옮김, 비룡소
《하나도 안 떨려!》 주디스 비오스트 글, 소피 블랙올 그림, 서남희 옮김, 현암주니어

《언덕 너머 집》 소피 블랙올 글·그림, 정회성 옮김, 비룡소

《산딸기 크림봉봉》 에밀리 젠킨스 글, 소피 블랙올 그림, 길상효 옮김, 씨드북

《그때 말할걸 그랬어》 소피 블랙올 글·그림, 최세희 옮김, arte(아르테)
《내가 아는 기쁨의 이름들》 소피 블랙올 글·그림, 정회성 옮김, 웅진주니어

《지구에 온 너에게》 소피 블랙올 글·그림, 정회성 옮김, 비룡소
《내가 만약에 말이라면》 소피 블랙올 글·그림, 정회성 옮김, 비룡소

《네, 선장님!》 소피 블랙올 글·그림, 정회성 옮김, 웅진주니어

《아기는 어디서 오는 걸까요?》 소피 블랙올 글·그림, 서소영 옮김, 키즈엠
《비어트리스의 예언》 케이트 디카밀로 글, 소피 블랙올 그림, 김경미 옮김, 비룡소

《루비의 소원》 시린 임 브리지스 글, 소피 블랙올 그림, 이미영 옮김, 비룡소 | 《시큰둥이 고양이》 소피 블랙올 글·그림, 김서정 옮김, 주니어RHK(주니어랜덤)

빛바랜 기억을 소중히 떠올리고
그림책의 아날로그 감성을 사랑하는 당신
이야기의 마법을 믿는 당신에게
단 한 명의 작가를 추천한다면?

"소피 블랙올!"

글_오현수, 사진 제공_소피 블랙올

기억을 볼 수 있고, 만질 수 있다면 얼마나 좋을까? 누구나 마음속 깊은 곳에 지워지지 않는, 꼭 간직하고픈 기억과 장소 하나쯤은 품고 있을 것이다. 소피 블랙올의 그림책을 펼치는 순간, 우리는 어느 시공간의 틈으로 조용히 발을 들여 누군가의 삶과 장소를 공유하게 된다. 세심한 그림과 따스한 색채, 이야기의 결을 따라 흐르는 서정적인 장면들. 그녀는 가장 개인적인 이야기를 가장 보편적인 이야기로 만드는 마법을 우리에게 보여준다.

작가의 그림책이 정말 특별한 이유는 단순히 아름답고 서정적인 이야기에 그치지 않는, '진짜 이야기'에 대한 집요한 탐구에 있다. 《산딸기 크림봉봉》에서는 300여 년 역사의 디저트 이야기를 담기 위해 영국 농가와 미국 플랜테이션 농업의 역사를, 《위니를 찾아서》에서는 '곰돌이 푸'의 실제 모델 '위니'의 여정을 쫓았다. 《안녕, 나의 등대》 작업 때는 실제 등대지기의 삶을 찾아 영국, 미국 각지의 등대 답사와 사료 조사에 힘썼다. 소피 블랙올은 '이야기에 생명력을 불어넣는 건 결국 디테일'이라는 신념 아래 현장을 직접 걷고 기록하며 한 권의 책을 만든다.

사회적 성공을 이룬 그림책 작가로서 소피 블랙올은 그림책을 통해 '우리가 사는 세계'에 질문을 던지고, 함께 사는 세상을 위해 헌신해 왔다. 적십자사, 유니세프, 세이브 더 칠드런과 함께 전 세계 어린이 건강을 위한 백신 캠페인에 힘을 보태고 어린이 문해력 증진을 도와왔다. 활동 중 전 세계 어린이가 공감할 수 있는 책의 필요성을 느낀 작가는 《지구에 온 너에게》를 펴내, 지구의 아름다움과 광대함을 보여주는 동시에 서로를 돌보고 지구를 소중히 여겨야 한다는 메시지를 전달하고 있다. 또 코로나19 팬데믹 당시 가족을 잃은 소피 블랙올은 슬픔에 함몰되지 않기 위해 날마다 일상의 작은 행복을 찾아 SNS에 공유했고, 전 세계 많은 이들이 공감하여 동참했다. 이 아름다운 기록은 《내가 아는 기쁨의 이름들》로 출간되어 많은 사랑을 받고 있다.

소피 블랙올이 쓰고 그린 《언덕 너머 집》은 작가의 예술적 정점에 도달한 작품이다. 뉴욕 북부의 폐허가 된 농장을 발견해, 농가에 남겨진 낡은 벽지, 과거 집주인들의 헌 옷, 공책, 그림 등 삶의 흔적을 수집하였고, 이를 실제 그림책의 재료로 사용했다. 그렇게 한 가족의 삶이, 기억의 조각들이 한 권의 그림책으로 되살아났다. 종이 위에 지은 이 집은 그림책이라는 매체를 넘어 시간과 기억, 그 안에 삶의 온기까지 담아낸 콜라주 예술 작품이자 인간의 삶에 바치는 헌사이다.

흥미로운 건 이 작업이 단지 '그림책' 한 권을 만드는 걸로 끝나지 않았다는 점이다. 소피 블랙올은 낡은 농장의 헛간을 직접 고쳐 전 세계 그림책 창작자들이 머물 수 있는 공간 '밀크우드'를 만들었다. 집의 기억을 '그림책'으로 만들고 현실에서는 예술가들이 지내는 '새로운 집'을 만든 것이다.

많은 작품이 국내에 번역 출간되었지만, 작가의 창작 세계와 삶 이야기를 만나볼 기회가 많지 않았다. 소피 블랙올의 작품 세계와 예술적 성취가 충분히 조명받지 못한 아쉬움이 있다. 그렇기에 국내 최초로 진행된 소피 블랙올 단독 인터뷰가 더욱 의미 깊다. 그림책 독자들이 소피 블랙올의 그림책 세계를 깊이 있게 들여다보는 시발점이 되길 바란다. 특히 이번 인터뷰에서는 작가의 여러 책 중 《언덕 너머 집》을 자세히 들여다보며 작가의 삶이 어떻게 책 속에 녹아들었는지 이야기다.

"그림책은 단지 이야기를 담는 그릇이 아니라, 기억을 품고 살아 숨 쉬는 공간이에요."

지금부터 〈라키비움J〉와 소피 블랙올이 함께 나눈 마법 같은 이야기를 만나보자.

《언덕 너머 집》은 버려져 폐허가 된 집에 새로운 생명을 불어넣은 그림책입니다. 이 집의 실제 이야기가 궁금합니다.

저는 몇 년째 뉴욕 북부 지역을 돌아다니며 낡고 오래된 헛간 매물들을 둘러보고 있었어요. 우리 형편에 맞으면서도 복원 가능한 곳을 찾고 있었지요. 그림책 작가들과 아동도서 종사자들이 함께 지내며 글을 쓰고 그림을 그릴 수 있는 창작 공간으로 만들고 싶은 오랜 꿈이 있었거든요. 그러던 중 오래된 '스완택 농장'을 보러 가게 되었어요. 깨진 창문들, 큰 구멍이 뚫려 있는 바닥, 물이 새는 지붕까지 오랫동안 방치된 헛간이었어요. 부동산 중개인은 시냇가 아래에 덩굴과 잡초에 덮인 채 버려진 농가 한 채가 더 있다고 했어요. 그 집과 헛간은 1850년대에 지어졌고, 1920년대에 폴란드에서 이민 온 스완택 부부가 매입해 살던 곳이었지요. 그들은 그 집에서 열두 명의 아이를 낳아 키웠고, 이후 많은 손주와 증손주가 태어났지요. 지금도 이 지역에는 후손들이 여럿 살고 있답니다. 몇몇 후손들을 만나 인터뷰할 수 있었는데 오래된 가족사진을 보여주며, 집안에 전해 내려온 소중한 이야기들을 들려주었어요.

소피 블랙올

폐허 상태로 처음 만난 스완택 농장

폐허가 된 농가의 어떤 점이 이 집의 이야기를 그림책으로 만들게 했나요?

처음 이 집을 둘러본 늦봄의 어느 날이었어요. 쐐기풀과 덩굴을 헤치며 처음 집 안으로 발을 들여놓던 그 순간, 저는 확신했어요. 이곳엔 이야기가 있다는 걸요. 단순히 이 집만의 이야기가 아니에요. 대공황 시기에 열두 명의 아이들을 키운 한 가족 이야기, 미국 전역의 작은 농가들이 겪은 현실 이야기이기도 했지요. 더 넓게 보면, 어떤 장소는 누군가 머물다 떠난 뒤에도 그들의 이야기를 오랫동안 간직하고 있어요. 그런 이야기들은 우리를 우리보다 앞서 살아간 사람들, 또 그들보다 더 앞선 사람들과도, 앞으로 살아갈 사람들과도 연결해 줍니다. 마치 제가 《언덕 너머 집》을 만들기 위해 모은 낡은 여러 겹의 벽지처럼요. 겹겹이 쌓인 이야기들이지요.

기을 무렵, 진흙에 덮인 누더기 더미를 하나 끄집어냈는데, 무려 스물한 벌의 손바느질 드레스였어요. 하나하나 떼어내어 오래된 사과나무에 걸어 말렸습니다. 따뜻한 물에 불린 벽지 조각들은 층층이 떼어져 생기 넘치는 무늬들이 드러났어요. 또 곰팡이가 핀 공책의 페이지들을 조심스럽게 펼쳐보았어요. 그러며 스완택 가족의 열두 명 아이들이 어떤 아이들이었는지, 성격을 조금씩 알아가기 시작했죠.

《언덕 너머 집》을 작업할 때, 그림이 먼저였나요? 글이 먼저였나요?

시작은 쉬웠어요! 오히려 갈수록 더 복잡해졌죠. 처음엔 집 안에서 낡은 벽지나 잡지, 오래된 드레스, 단추 같은 것들을 모으기 시작했는데, 자연스럽게 '이 집을 허물기 전에, 여기 깃든 이야기들을 최대한 기록하고 남겨야겠다.'라는 생각이 들었어요. 수집한 물건들이 점점 쌓여가면서 문득 이런 생각이 들었어요.
'이 실물 재료들을 그대로 그림에 써 볼 수 있지 않을까?'
벽지 조각, 공책의 종이, 드레스 천들을 실제로 사용해 책 속의 집을 만들어 보기로 했죠. 독자가 이 책을 읽을 때, 마치 인형의 집을 가지고 노는 것처럼, 페이지를 넘기며 방에서 방으로 이동하고, 이야기를 따라 어느새 집 안을 직접 거니는 듯한 경험을 주고 싶었어요. 각 장면이 시간의 흐름을 따라 이어지고, 기쁨과 슬픔, 다툼과 축하의 순간들, 그 모든 것들이 서로 연결되어 그 집의 일부가 되어가는 방식으로요.

O ver a hill,
at the end of a road,
by a glittering stream
that twists and turns,
stands a house

그림 구성할 아이디어가 떠오르는 것과 동시에 정말 '쿵' 하고 깨달았죠. '무슨 말을 하고 싶은지는 알겠는데…, 글로는 도저히 어떻게 써야 할지 모르겠어!' 그때부터 수없이 원고를 쓰고 고치기를 반복했어요. 편집자 수전 리치가 인내심을 갖고 기다려줬지만, 점점 초조해지는 게 느껴졌지요.
하루는 버지니아 어린이 도서 축제에 가는 길이었어요. 낡은 제 차가 불길한 소리를 내기 시작했지요. 그 지역 정비소에 전화를 걸었더니 "오후 5시까지 도착하면 봐 드릴게요."라고 하더군요. 그때가 정확히 정오였고, 구글 지도상으론 딱 5시간 거리였어요. 중간에 멈추지 않고, 고장만 나지 않는다면 가능했죠. 운전대를 꼭 쥐고 달리면서 저는 《언덕 너머 집》 생각만 했어요.
'제발, 첫 문장만 떠오르면 좋겠는데. 딱 한 줄만이라도…'
그런데 갑자기 한 문장이 떠올랐습니다.

"Over a hill, at the end of a road,
by a glittering stream that twists and turns, stands a house…"*

차를 멈출 수가 없어서, 첫 문장을 계속 되뇌면서 다음 문장을 계속해서 덧붙여갔어요. 오후 4시 59분, 정비소에 간신히 도착해 키를 건네고 휴대폰에 이야기를 녹음해 수전에게 보냈어요. 잠시 뒤, 전화가 왔는데, 수전이 울고 있었어요. 그 음성 메시지를 아직도 간직하고 있어요. 저는 이 이야기가 세대를 아우르며 이어지는 하나의 문장으로 되어 있다는 점이 정말 마음에 들어요.

* 언덕 너머 시냇물이 굽이굽이 흘러요. 반짝이는 물길이 끝나는 곳에 집 한채가 우뚝 서 있어요.《언덕 너머 집》중에서

당신 그림책의 겉싸개는 늘 특별해요. 벗기면서 두근두근하죠. 《언덕 너머 집》은 집 외관을 그린 겉싸개 안에 집 내부가 보이는 표지가 있어요.

편집자 수전 리치와 리틀 브라운 출판사 아동도서 부서와 함께 책을 만들며 느끼는 큰 기쁨 중 하나는, 책을 단순한 '읽기만 하는 매체'가 아니라 아이들이 손에 들고 직접 상호작용을 하는 '물리적인 오브제'로 여긴다는 점이에요. 책 제작을 담당한 루이코 도쿠나가가 멋진 아이디어를 내주었어요. 겉싸개에 보이는 농가의 창문 표현을 창틀은 양각(embossing) 처리하고, 창 유리 부분은 음각(debossing) 처리에 유광 코팅을 해서 진짜 유리창처럼 반짝이게 하자는 거였죠. 처음엔 아예 창문 부분을 도려내는 다이컷(die-cut) 방식도 생각했지만, 반복해서 책을 읽고 만지는 아이들의 손에 금방 망가질 것 같았어요. 우리는 아이들이 이 책을 여러 번 펼쳐보고, 오래도록 함께해 주길 바라거든요!

겉싸개 안에 집 전체 단면을 담은 그림이 나오는 구상은 초창기부터 있던 아이디어예요. 저는 항상 겉싸개를 벗겼을 때 독자가 '와, 이런 게 숨어 있네!' 하고 놀랄 만한 장면을 넣는 걸 좋아해요. 《언덕 너머 집》에서는 이 집을 그대로 담아낸 단면도가 그 놀라움이고요, 독자가 책을 펼치는 순간, 정말 그 집 안으로 들어가는 느낌이 들었으면 했어요. 이와 관련해 보내주신 가장 사랑스러운 독자 후기 중 하나예요. 두 살 아이가 이렇게 말했대요.
"저기 안에 들어가고 싶어! 엄마, 우리 들어가자!"

앞 면지에 이런저런 조각들이 보입니다. 무엇인가요?

농가를 허물기 전까지, 집 안에 여러 번 들어갔어요. 썩은 마룻바닥에 발이 푹 빠진 것도 몇 번, 좀 위험해서 사실 들어가면 안 되는 상황이었어요. 그래도 그 안에서 정말 많은 것들을 꺼내 왔어요. 낡은 벽지, 드레스뿐 아니라, 새 둥지, 손수건, 웨딩드레스, 오래된 황동 열쇠, 그리고 한때 바다의 조개였던 단추까지요.

《언덕 너머 집》에는 곳곳에 걸린 액자가 눈에 띕니다. 특별한 사연의 액자도 있을까요?

폐허 속에서 낙엽과 먼지에 뒤덮인 작은 수채화 한 점을 건졌어요. 20세기 초 '거트루드'라는 사람이 그린 소들이 있는 전원 풍경화였지요. 소 그림 부분이 책 속 부모님 침실에 액자로 걸기에 딱 어울릴 거 같았어요. 하지만 막상 그 부분을 오려서 쓰려니 도저히 손이 가지 않더라고요. 그때 애니 딜러드의 수필 《Write 'til You Drop》에 나오는 조언이 떠올랐어요.
"창작에 관해 내가 아는 건 이거야. 가진 걸 전부 써. 다 쏟아부어. 아끼지 마. 이건 다음 책을 위해 남겨둬야겠다, 이건 나중에 쓰자, 그런 거 하지 마. 좋다고 생각하는 건 다 써 버려. 지금. 바로 지금."
그래서 마음을 정하고는 풍경화를 오려 만든 액자를 낡은 벽지를 재탄생시켜 만든 부부 침실 벽에 붙여 넣었어요. 이제 거트루드가 그린 소 그림은 종이로 만든 집, 그림책 속에서 계속 살아갈 거예요. 구멍 뚫린 나머지 그림은 지금 우리 집 벽에 걸려 있답니다.

《언덕 너머 집》에는 열두 아이의 표정, 행동, 방 꾸밈새에 성격과 취향이 보여 찾아보는 재미가 있습니다.

저는 스완택 가족의 생존한 후손들과 이야기를 나누며 정말 많은 시간을 보냈어요. 그분들이 시간과 기억을 아낌없이 나눠주셔서 열두 아이의 이름과 생년월일도 알게 되었지요. 자연스럽게 아이들의 모습을 한 명, 한 명 상상하며 그리기 시작했어요. 삐뚤빼뚤하지만, 정성스럽게 쓴 아이들의 작문과 낡고 해진 교과서 속 글씨체를 들여다보며 '이 아이들은 어떤 어른이 되었을까, 어떤 꿈을 꾸고, 그 꿈을 이루었을까?' 하는 생각을 자주 했어요. 동시에 제 아이들도 떠올랐지요. 머리도 가누지 못했던 아기 시절부터, 한참 엉뚱하고 모든 게 웃기던 일곱 살, 궁금한 게 많았던 열한 살, 사춘기로 불안하던 열다섯 살, 그리고 어느새 자신감 넘치던 열여덟 살까지도요. 이제는 다 자라 어른이 되었지만 제 아이들을 바라보면, 여전히 그 모든 시절이 함께 겹쳐 보여요. 우리는 모두 '팔림프세스트'(palimpsest, 기존의 것을 지우고 덧쓰는 양피지)' 같은 존재예요. 계속해서 우리 자신을 써 내려가고, 또 지우고, 다시 써 내려가는 존재들이죠.

책 속 아이들에 대해 제가 상상으로 조금 덧붙인 부분도 있어요. 아이들의 성격과 자라서 어떤 사람이 되었을지도요. 그중에서 유독 마음이 가는 아이는 7살, '제니'예요. 고양이에게 물감을 칠해 혼나고, 방으로 보내지지만, 반성의 기미가 별로 없는 바로 그 아이요.

아이들이 감자 도장으로 꽃무늬 벽지를 만드는 장면은 어린이 독자가 특히 좋아합니다. 촘촘하게 찍힌 아랫부분, 아기가 손도장 찍는 모습은 웃음을 자아냅니다. 8살 독자가 전해달라는 말입니다. "작가님이 진짜 감자로 도장 찍어서 벽지 무늬를 만든 거예요? 저도 감자로 네잎클로버 모양을 만들어서 벽지를 꾸며보고 싶어요!"

감자 도장으로 벽지 꾸미기를 했다고 아이들과 선생님, 독자들이 사진과 메시지를 보내줄 때마다 정말 기뻐요. 처음부터 저는 책 속 아이들이 감자 도장으로 벽지를 꾸미게 하고 싶었어요. 대공황 시기, 형편이 넉넉하지 않았던 가정에서 실제로 그렇게 했거든요, 어린 시절 저희 어머니도 오빠와 저에게 감자 도장을 만들어주셔서 함께 무늬 찍고 놀았던 기억이 있어요.

처음에 감자를 잘라 몇 가지 샘플을 만들어봤는데, 그림책에 쓰기엔 무늬 크기가 너무 커서 결국 스텐실 기법으로 바꾸었어요. 아세테이트 필름을 칼로 오려내 꽃과 잎 모양 스텐실을 만들어 브러시와 스펀지로 무늬를 찍었답니다.

옛집 다락방에서 발견한 치마를 오려 만든 싱크대 가리개와 다락방 살림살이

겹겹이 덧붙여진 종이 층 위에 그려진 단면도는 '집의 층위'를 보여준다.

《언덕 너머 집》북 트레일러로 공개된 작업 과정을 보면 살림살이와 인물들을 하나하나 겹쳐 붙이는 것이 마치 아이들의 인형 놀이를 지켜보는 것 같습니다. 그림 물체를 겹쳐 쌓아 올리는 방식으로 직접 한 이유가 있나요?

사실 작업을 시작하기 전부터 의도한 건 아니었어요. 이번 작업은 순전히 그 집에서 모은 '실물 재료들'이 이끌었다고 해도 과언이 아니에요. 손으로 만질 수 있고, 진짜처럼 느껴지는 종이로 된 집을 만들고 싶었어요. 그러다 보니 점점 더 그 세계에 몰입하게 되었죠. 사실 솔직히 말하면, 종이 인형 놀이처럼 작업하는 과정이 정말 재미있었거든요!

《언덕 너머 집》대부분은 팬데믹 시기에 만들었어요. 모두가 그렇듯 저도 집에 머무르며 세상과 조금 떨어져 지냈기에, 이 집과 그 가족들에게 점점 깊이 빠져들었죠. 작업이 어느 정도 탄력을 받아 밤늦게까지 오래도록 앉아 그림을 그리던 중, 몸이 이상 반응을 보이기 시작했어요. 대상포진이 온 거예요. 몇 주간 침대에 누워 있어야 했고, 이후에도 한동안은 하루에 몇 시간 정도만 작업할 수 있었어요. 그래서 침대에서도 할 수 있는 일들을 했죠. 접시, 신발, 물고기 같은 아주 작은 소품을 그려서 오리고, 자투리 종이들 사이에 파묻혀 잠시 낮잠을 자기도 했어요.

다락방에 들어갈 작은 물건들을 만드는 데만 거의 일주일이 걸렸어요. 그런데 그 다락방은 책 속에서 단 한 장면, 집 전체 단면도에서만 등장한답니다. 저는 모든 소품을 하나하나 그려 채색하고 잘라낸 다음, 항목별로 이름표를 붙인 봉투에 넣어 보관했어요. 그 과정에서 아주 조그만 찻잔이랑 접시 몇 장은 결국 잃어버리기도 했어요. 여름이 가을로 넘어가던 그 시기, 저는 점점 무너져가는 종이 집과 그 안에 사는 종이 가족들 속으로 깊이 들어가 있었습니다. 약간 몽롱하고 꿈결 같았던 시간이었죠.

《언덕 너머 집》을 보며, 집을 직접 돌아다니는 기분이었습니다. 각 공간을 본 뒤, 책 뒷부분에 등장하는 집 전체 공간을 보았을 때 그 규모에 정말 놀랐어요. 집 전체 장면은 건축 단면도와 인테리어 투시도가 결합된 것처럼 보입니다.

저는 집의 정면도를 아주 큰 트레이싱 페이퍼 위에 그리며 작업을 시작했어요. 정말 세밀하게 많이 담고 싶었기 때문에, 그림 크기가 엄청나게 커졌죠. 제 작업 테이블 전체를 차지할 정도였어요. 그 시점에서 중요한 결정을 하나 내려야 했어요. 책의 각 장면이 하나의 흐름으로 이어져서 독자들이 집 안에서 걸어 다니는 느낌을 주고 싶다면, 이 집 전체가 하나의 거대한, 겹겹이 쌓인, 연결된 작품으로 만들어져야 했거든요. 그래서 이 작업을 시작하면, 전체가 완성될 때까지는 이 집을 절대 옮길 수 없을 것을 알았어요. 결국 저는 스완택 농장 근처에서 작업하는 걸로 결정했어요.

트레이싱 페이퍼 위에 그린 이 거대한 도면을 펼쳐놓고 앉았는데, 그 바탕에 시간의 흔적이 쌓인 무언가가 더 필요하단 생각이 들었어요. 그래서 그 집 다락방에서 발견한 낡은 벽지 두루마리를 펼쳐 그 뒷면을 사용했어요. 오랜 세월의 흔적과 습기를 머금어 탁한 갈색빛이 도는 종이였죠. 그 위에 신문지, 구겨진 종이봉투, 다른 벽지 조각들을 하나하나 배치해 붙여 배경을 만들었어요. 마지막엔 배경지 전체에 벽지 풀을 바른 다음, 트레이싱 페이퍼에 그린 집의 도면을 얹고 주름을 펴가며 눌러 붙였어요.

이때쯤, 편집자에게도 이 과정을 알려야겠다는 생각에 이렇게 편지를 썼어요.

〈언덕 너머 집〉

독자가 책장을 한 장, 한 장 넘기며 가족의 일상생활을 따라다닐 때,
사실은 이 집에 쌓인 시간 속을 여행하고 있다는 것을, 작가는 마지막에
가족의 일상 장면을 집 한 채의 공간 안에 동시에 담아내는 것으로 보여준다.

"요즘 저는 '집의 층위'에 대해 계속 생각하고 있어요. 그 안에서 살아온 세대들, 쌓여온 기억들, 페인트와 벽지처럼 덧발라진 실제의 물성들. 시간이 지나가며 그것들이 서서히 벗겨지고, 다시 겹겹이 드러나기 시작할 때, 마치 우리가 시간을 거슬러 올라가는 듯한 느낌이 들죠. 그런 의미에서 요즘 '팔림프세스트(palimpsest)'라는 단어를 자주 떠올리게 돼요. 원래는 글자를 지우고 다시 쓰는 양피지를 뜻하는 말이지만, 이 집도 수많은 세월의 흔적들이 지워지고, 다시 드러나며 겹쳐 있어 그 개념이 딱 맞더라고요. 그래서 이 집은, 제가 폐허 속에서 주워 모은 많은 조각 종이들의 층위 위에 세워졌어요."

대규모 작업을 구상하고 유지하는 작업 공간 확보부터 어려웠을 거 같아요.

이 집의 전체 단면 그림은 너비가 약 1.5m 정도의 크기예요. 처음엔 큰 테이블에서 작업을 시작했고, 이후에는 작업실 바닥으로 모든 것을 옮긴 뒤 문을 닫고 방해받지 않도록 했죠. 이런 방식으로 작업할 수 있었던 건 팬데믹 기간에 시골에 머무르고 있었기 때문이에요. 만약 제가 브루클린에서 다른 작가들과 함께 쓰는 스튜디오에 있었다면, 이런 작업을 할 만한 공간이 없었을 거예요. 그렇게 되었다면 이 책은 지금과는 아주 다른 모습이 되었을지도 모르죠.

워낙 크고 입체적인 작품이라 그림책 인쇄를 위한 디지털 이미지로 만드는 것도 쉽지 않았을 것 같습니다.

이 책의 그림을 디지털 이미지로 옮기는 과정 자체가 정말 큰 도전이었어요. 팬데믹 기간에 작업한 터라 모두가 원격으로 일하고 있었기 때문에, 결국 그 모든 과정을 제가 혼자 해결해야 했거든요. 처음엔 사진 촬영을 시도했어요. 하지만 전문 스튜디오 조명이 없는 상태에서 조명을 일정하게 유지하는 건 정말 어렵더라고

낡은 벽지를 되살려 꾸민 벽과 낡은 신문지를 잘라 바닥 마루를 만든 부엌 공간

벽지를 찢고 버드나무를 그려 넣고 바닥엔 진짜 낙엽을 흩뿌려 폐허가 된 부엌

요. 결국 저는 깊이 숨을 들이쉬고, 마음을 다잡은 뒤에, 만들어둔 집을 조심스럽게 잘랐어요. 큰 평판 스캐너로 조각 하나하나를 스캔했어요. 그다음은 퍼즐 맞추기처럼 모든 이미지를 이어 맞춰 전체 이미지를 완성했어요. 나중에는 포토샵을 이용해 그림자도 조금씩 더해서, 전체 조명이 자연스럽게 보이도록 손봤어요. 정말이지, 거대한 조각보를 꿰매는 작업 같았어요.

삶의 활기가 넘쳤던 1층의 거실과 부엌은, 시간이 흐르고 폐허가 되어 이제는 공허함과 세월의 무상함을 강하게 보여줍니다. 한 공간의 상반된 장면 변화를 어떻게 작업했나요?

이 책의 그림 작업을 하면서 시간의 흐름에 따라 낡고 뜯어진 벽지, 처지고 틀어진 가구, 점점 무너져가는 집안 장면에 이르렀을 때 저는 결정을 내려야만 했어요. 선택지는 두 가지였어요. 하나는 집을 완전히 똑같이 폐허로 다시 그리는 것, 하지만 이건 사실상 불가능했죠. 다른 하나는 이미 만든 원본을 파괴하는 것. 결국 저는 후자를 택했어요. 그림 속의 벽지를 실제로 벗겨내고, 가구도 부서진 모습으로 만들었어요. 저는 조심스럽지만 단호하게 그림을 파괴해야 했어요. 그 과정은 묘하게 짜릿했어요. 한 번 손대기 시작하니 결정을 미루거나 망설일 여지가 사라졌거든요. 이미 손댄 그림은 되돌릴 수 없으니까요. 마치 지나가 버린 시간을 되돌릴 수 없는 것처럼요.

그림책이 완성된 후, 조각난 작품들은 어떻게 되었나요?

스캔을 마친 뒤 다시 조각들을 이어 붙여 그림을 원래 모습대로 복원했어요. 그리고 2023년 브랜디와인 미술관에 전시하기 위해 그림 액자로 만들었어요. 지금은 창작 공간 '밀크우드'에 걸려 있답니다.

《언덕 너머 집》 뒷부분에는 수풀 속에서 작가가 폐허가 된 집을 발견한 장면 뒤에, 이 책을 만들고 있는 작가의 손이 등장합니다. 이런 '메타픽션* 장면'을 넣게 된 이유는 무엇인가요?

처음엔 이야기의 결말을 밝고 희망적인 분위기로 마무리하려 했어요. 그 당시 저는 이 책 작업과 동시에, 낡은 헛간을 고쳐 창작 공간 '밀크우드'로 탈바꿈시키는 작업도 함께 하고 있었거든요. 다양한 사람들이 모여 오래된 건물에 새로운 생명을 불어넣고 있었죠. 그래서 《언덕 너머 집》의 결말과 '밀크우드'의 재건 이야기를 하나로 연결해 보려고 했어요.

하지만 책이 점점 형태를 갖춰갈수록 이야기를 어떻게 마무리해야 할지 확신이 서지 않았어요. 왜냐하면 현실에서 그 집은 정말 글자 그대로 '완전히 무너져버린' 상태였거든요. 불도저가 집을 부수어 밀어버렸고, 거대한 구덩이를 파서 묻어버렸죠. 불도저가 등장하는 장면은 꽤 드라마틱하지만 그렇게 끝내기엔 그 집을 가득 채웠던 생의 온기와 앞서 펼쳐진 페이지들을 생각하면 너무 쓸쓸한 마무리였죠. 그때 편집자 수전이 번뜩이는 아이디어를 내놓았어요.

"사실 네가 가진 진짜 이야기는 바로 이거야. 그 집이 완전히 무너지기 전에,
네가 그 안에 남아 있던 종이와 천 조각들을 모아서 책을 만든 거잖아. 바로 이 책 말이야."

그 말이 모든 걸 정리해 줬어요. 그래서 책의 마지막 장면에 제 손이 등장하게 되었죠. 사라지기 전의 집이 남긴 기억을, 한 권의 책으로 다시 세워나가는 과정을 담은 장면으로요.

《언덕 너머 집》과 '밀크우드', 두 가지 작업을 동시에 하면서 작가이자 특별한 이야기를 공유해주세요.

헛간을 고치는 과정은 힘들고 지치는 순간도 많았어요. 때로는 절망스러웠지만, 동시에 정말 창의적인 여정이기도 했어요. 벽화를 그리고, 스텐실로 벽을 장식하고, 방과 가구를 직접 디자인했어요. 그리고 폐허가 된 농가에서 가져온 문과 나무 들보들을 선반으로 재활용하기도 했어요. 농가 거실에 걸려 있던 낡은 레이스 커튼을 잘라다가 《언덕 너머 집》 거실의 흰 커튼을 만들었어요. 한편으로는 '밀크우드' 숙소 공간의 침실 창문에 걸 진짜 레이스 커튼을 재봉질하고 있었죠. 《언덕 너머 집》에 들어갈 종이 가구를 만들고 배치할 때는, 현실에서 '밀크우드'의 여러 공간에 진짜 가구들을 들였어요. 정말이지 모든 게 조금씩 '메타'(meta)* 같았어요!

---

* 현재 《언덕 너머 집》 액자는 창작 공간 '밀크우드'에서 현관문으로 새 생명을 얻은 옛 농가의 문 옆 벽에 걸려 예술가들에게 영감을 준다.
* 메타픽션(Metafiction): 지금까지 본 것은 만든 작가가 따로 있는 허구임을 독자에게 알리는 것
* 메타(Meta): 현실과 창작이 겹쳐지는 느낌

폐허가 된 집의 커튼이나 벽지가 《언덕 너머 집》 그림책에서 되살아난 것처럼 실제 《언덕 너머 집》의 흔적이 창작 공간 '밀크우드'에서 새 역할을 부여받고 되살아난 것이 있다고 들었어요.

우리가 낡은 집에서 구해낸 것 중 가장 소중한 건 바로 현관문이었어요. 스완택 가족과 열두 명의 아이들이 수없이 드나들었던 바로 그 문이죠. 낡고 부서진 문을 정성껏 복원해서 지금은 '밀크우드'의 정문으로 다시 설치했어요. 이제는 전 세계에서 온 그림책 작가와 예술가들이 오가며 그 문을 열고 들어오고 나가지요. 그 문을 열 때마다 마음이 따뜻해져요. 정말이지 매번 기분이 좋아진답니다.

《언덕 너머 집》에서 옛집의 오래된 물건들을 이야기 속에 살려냈어요. 다음 세대에게 물려주고 싶은 작가님의 소장품이 있을까요?

저는 오래된 것들을 늘 사랑해 왔어요. 특히 손때가 묻어 낡고, 꿰매어 고친 자국이 있는 물건들, 누군가의 손길과 마음과 생각이 닿았던 흔적이 고스란히 남아 있는 것들이요. 그 자체로 이야기를 들려주는 것 같거든요. 예를 들어 손으로 나무를 깎아 만든 한쪽 팔을 단 도자기 인형이라든지, 먼 길을 걸었을 누군가의 발을 감싸주었을, 여러 번 기운 양말 같은 것들이요. 진짜 이야기를 알고 있는 물건들도 있지만, 어떤 건 상상으로 채워넣기도 해요. 하지만 이런 물건들을 지나치게 신성하게 여기진 않아요. 제가 세상을 떠난 뒤에 누군가가 저만큼 이 물건들을 사랑해 주리라 기대하진 않아요. 어쩌면 그 물건들은 새로운 주인을 만나겠죠. 아직 태어나지 않은 누군가가 그것들을 만나 또 다른 이야기를 상상해 줄지도 몰라요.

작가님에게 집이란 어떤 의미인가요?

저는 호주에서 태어나 자랐습니다. 마법 같은 풍경과 캥거루, 그리고 친근한 가오리들이 헤엄치는 옥빛 바다가 있는 땅이지요. 떠나온 지 22년째이지만 여전히 호주를 "집(home)"이라고 부릅니다. 호주에 갈 때면 주머니 가득 돌멩이와 조개껍데기, 유칼립투스 잎을 담아옵니다. 마치 그 안에 과거의 소리와 냄새, 이야기들이 깃들어 있다고 믿는 거 같아요. 어쩌면 잊고 싶지 않은 그 모든 시간을 다시 가지고 오려는 걸지도요. 제 '집'으로 말이에요. 하지만 저는 뉴욕도 집이라고 느껴요.

저는 '집'이라는 개념에 매료되어 있어요. 우리가 살아가고, 일하고, 사랑하고, 가족을 키우고, 경험을 쌓고, 기억을 기록하는 장소, 그 모든 것이 집이죠. 제 책 대부분은 어떤 방식으로든 '집'에 대한 이야기예요.
《안녕, 나의 등대》는 고립된 삶에 관한 이야기였어요. 바닷물은 밀려들었다가 나가고 계절이 바뀌고 시간은 흘러가지만 등대 안의 시간은 느리게 흐르죠. 이 책은 팬데믹 초기, 모두가 집 안에 머물며 고립을 경험하던 그 시기와도 닮았어요.
《지구에 온 너에게》는 지구에 관한 이야기예요. 넓고, 다양하며, 경이로운 세계, 우리 모두의 집이지요. 우리가 가진 유일한 집이니 소중히 아끼고 서로를 돌보아야 한다고 말하고 싶었어요.
제가 책을 만들 때마다 바라는 건 늘 같아요. 《언덕 너머 집》처럼 어떤 책이든 아이들이 다음 장을 넘기고 싶게 만드는 책을 만들고 싶어요. 책을 좋아하게 되고, 더 많은 책을 읽고 싶어지게 하는 그런 책이요. 그리고 솔직히 말하자면, 언젠가 아이가 다시 돌아와 또 펼쳐보고 싶어지는 그런 책이기를 바랍니다. 마치 '집'처럼요. 집이 매번 조금씩 달라 보이듯, 책도 읽을 때마다 다르게 다가오니까요.

제 친구 애니 배로즈(〈아이비와 빈〉시리즈 작가)와 함께 얼마 전 그녀가 어릴 적 살았던 동네 근처를 지나게 된 적이 있어요. "그 집 앞을 지나가 볼까?" 하고 물었더니 "아니야. 부모님이 집을 판 후로 20년 동안 한 번도 가보지 않았어. 혹시라도 달라져 있으면 너무 속상할 것 같아. 지금 내 기억 속 모습 그대로 간직하고 싶어."라고 말했어요.

집은 변하고, 사람도 변하지만, 책은 변하지 않아요. 우리가 어떤 책을 특정한 시기에, 어떤 장소에서 읽게 되면 그 책은 페이지에 담긴 이야기뿐만 아니라 우리 삶의 한 조각도 함께 간직하게 되는 거죠. 그리고 또 한 가지 우리가 책을 읽는 순간, 그 책을 읽은 다른 사람들과도 연결된다는 사실이에요. 비록 내가 깨닫지 못하더라도 말이에요. 특히 도서관 책처럼 집에서 집으로, 사람들 손에서 손으로 옮겨 다닌 책이라면 더욱 그렇죠. 그래서 저는 책을 만든다는 것이 얼마나 큰 특권인지를 그 책을 나눌 수 있다는 것이 얼마나 감사한 일인지를 늘 느낍니다.

'밀크우드'에서 서로의 창작활동을 격려하고 교류하는 그림책 작가들

스완택 농장의 낡은 빨간 헛간은 어린이 책 창작 공간 '밀크우드'로 개조되어 창작의 요람으로 다시 태어났다.

'밀크우드'에 대해 자세히 소개해 주세요.

저는 언젠가 사람들이 함께 모여 걷고, 이야기하고, 먹고 마시고, 글을 쓰고 그림을 그리고, 생각을 나눌 수 있는 그런 공간을 만들고 싶다는 꿈을 오래도록 꿔왔어요. 스완택 농장의 낡은 헛간을 '밀크우드'라는 창작 레지던스 공간으로 바꾸기까지 꼬박 5년이 걸렸답니다. 지난 4년 동안, 이곳에는 전 세계에서 온 400명이 넘는 작가, 일러스트레이터, 사서, 교육자, 편집자, 아트 디렉터 등 다양한 아동문학 출판계 종사자들이 다녀갔어요. 우리는 함께 산책도 하고 요리하고 정리정돈을 해요.
정말이지 놀라운 일이에요. 제가 상상했던 것보다 훨씬 더 많은 시간과 에너지를 쏟아야 했지만 그만큼 보람도 엄청났어요. 그 과정을 통해 저는 다시금, '커뮤니티'의 중요성을 절실히 느꼈어요. 그림책 세계에서 서로 연결되고 함께하는 것이 정말 중요하다는걸요.
이미 '밀크우드'에 다녀간 글 작가와 그림 작가들로부터 완성된 책이 도착하고 있어요. 그 책들은 이곳 '밀크우드'에서, 창작 워크숍이나 레지던스에 머무는 동안 처음 아이디어의 씨앗이 움튼 작품들이에요. 그 책들을 우리는 '밀크우드' 도서관에 자랑스럽게 전시하고 있답니다.

'밀크우드'의 정신을 느끼고 함께하고자 하는 한국의 창작자들에게, 예술가이자 그림책 작가로서 나누고픈 조언이 있나요?

책을 만드는 일은 혼자만의 작업이 아니에요. 항상 누군가와 협업을 통해 이루어지는 일이죠. 작가와 독자, 창작자와 감상자 사이의 협업이기도 하고 글과 그림, 글 작가와 그림 작가 사이의 협업이기도 해요. 비록 책이 나오기 전까지 서로 한 번도 만나지 않거나 대화를 나누지 않았더라도 말이죠. 책 한 권을 완성하기 위해서는 수많은 사람이 함께합니다. 편집자, 디자이너, 교정자, 제작 담당자, 마케팅과 홍보, 영업팀까지요.
요즘 작가들과 그림 작가들이 "편집자가 나를 내버려두어서 좋았다.", "아트 디렉터가 간섭하지 않아 자유로웠다."라고 말하는 걸 종종 듣습니다. 이런 말을 들을 때면 저는 그들이 정말 중요한 것을 놓치고 있는 건 아닐까 생각해요.
우리는 우리에게 주어진 기회와 곁에 있는 사람들과 나눌 수 있는 것들을 최대한 누려야 해요. 그리고 우리의 커뮤니티를 찾고, 함께 만들어가야 해요. 그 공동체 속 사람들은 우리에게 이런 존재들이 되어줄 수 있어요. 협업자이자, 첫 번째 독자, 새로운 시선을 가진 사람, 사실을 확인해 주는 사람, 마음껏 아이디어를 던져볼 수 있는 상대, 때로는 날카로운 조언자, 손잡아 주는 사람, 생각의 집단 지성이고 무엇보다 우리를 응원해 주는 사람이 되어줘요. 그리고 우리도 그들에게 그런 사람이 되어주는 거예요. 지금 우리에게는 그 어느 때보다 서로가 필요해요. 다정하고 사려 깊고, 은혜로운 마음으로 서로를 대할 수 있어야 해요. 삶의 경이로움과 살아 있다는 그 자체의 기쁨을 놓치지 않도록 우리는 서로를 필요로 해요.

작가님 인생에 단 한 권의 책만 작업할 수 있다면 어떤 책을 만들고 싶으세요?

언젠가 꼭 한 번 딜런 토머스의 《Under Milkwood》를 그림으로 표현해 보고 싶어요. '밀크우드'라는 이름도 바로 이 작품에서 따온 거랍니다.

현재 작업 중이신 책도 궁금합니다.

지금은 또 다른 '집'에 관한 책을 작업하고 있어요. 이번에는 아주 작은 집이랍니다!
제목은 《House on Wheels》예요.

〈라키비움J〉는 마지막으로 늘 이 질문을 드립니다.
"자신을 세 개의 단어로 표현하자면 어떤 단어일까요?" "저는 ( ), ( ), ( ) 한 작가입니다."

혹시 정말, 꼭 세 단어로만 말해야 한다면 이렇게 말할 수 있을 것 같아요.
"I am a maker, a collector, grateful."
저는 무언가를 만드는 사람이고, 또 무언가를 모으는 사람이며, 살아 있다는 것에 감사하는 사람이에요.

'밀크우드'에서 그림책 작가들과 함께한 소피 블랙올. 새 생명을 찾은 《언덕 너머 집》의 현관문이 보인다.

칼데콧상, 에즈라 잭 키츠 상, 「뉴욕 타임스」 최고의 그림책상 수상 작가

소피 블랙올이 그려 내는 **일상의 순간들**

매일을 채우는 52가지 행복
내가 아는 기쁨의 이름들

아침에 즐기는 커피 한 잔,
개를 쓰다듬는 일,
오래된 노래, 하늘에 걸린 무지개까지
평범하고도 지난한 일상에서 길어 올려진 기쁨들.
오늘을 기꺼이 끌어안을 수 있는
힘과 온기를 만나 보세요.

소피 블랙올 지음·정회성 옮김
정가 16,800원

✸ 2024 아마존 상반기 베스트셀러 ✸
✸ 2024 커커스 리뷰 올해의 책 ✸

일상의 모든 순간이 놀이가 되는 마법 속으로
네, 선장님!

켜켜이 의자를 쌓아 만든 함선,
빗자루로 기둥을 세운 깃발.
너른 바다를 닮아 무한히 펼쳐지는
아이의 상상 속 세계로 풍덩 빠져 보아요.

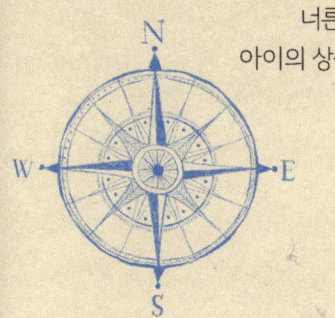

소피 블랙올 지음·정회성 옮김
정가 15,000원

홈페이지 www.wjjunior.co.kr
인스타그램 @woongjin_junior
대표 메일 wjjr@wjthinkbig.com

나의 동심에게 웅진주니어

《지구에 온 너에게》 소피 블랙올 글·그림, 정회성 옮김, 비룡소

사람들이 사는 집은 모양이 무척 여러 가지야.

그림책 작가의 집

'나의 작은 화판'을 들고 '만희네 집'으로

《만희네 집》

내가 본 책과 작가가 그린 책은 같고도 다르다

글_전은주

《나의 작은 화판》
권윤덕 지음, 돌베개

《만희네 집》
권윤덕 글·그림, 길벗어린이

고흐가 이토록 유명해진 이유 중 하나는 동생 테오와 주고받은 편지가 잔뜩 있기 때문이라고 한다. 후대의 사람들이 고흐가 어떤 마음으로 그렸는지 작품을 훨씬 많이 이해할 수 있고, 개인사를 알면서 더욱 애정이 생기기 때문이다. 알면 알수록 사랑하게 되는 마음이라! 정말 그렇다. 나는 지금까지 일 때문에 별 관심 없는 작가의 북토크에 갈 일도 종종 있었지만 북토크를 보고 나면 번번이 그 작가를 좋아하게 되었다. 북토크가 애정의 시작이라면 작가의 에세이집을 읽는 것은 팬심의 완성이 아닐까. 특히 그림책 작가가 자신의 작품에 대해 쓴 글은 그 어떤 이론서보다도 그림책의 문법을 이해하는 데 유익하다. 아이에게 어떤 책을, 어떻게 읽어주어야 할지 알려주는 알찬 교육서이기도 하다. 그림책을 더 풍성하게 만나는 방법으로 그림책 작가의 '그림책이 아닌 책 읽기'를 추천한다.

나에게 권윤덕 작가의 에세이집 《나의 작은 화판》은 치열한 그림책 공부이자 사랑하는 작가와 단둘이 만나는 데이트이다. 권윤덕 작가는 《나의 작은 화판》 첫 번째 챕터에서 아이와 그림책을 읽는 시간이 자신에게 그림책 작가로서 얼마나 공부가 되었는지 고백한다. 아이를 무릎에 앉히고 함께 책을 읽노라면 아이가 어떤 장면에서 긴장해서 숨을 들이마시고, 또 어떤 장면에서 재미있어 몸을 꼼지락거리는지 그야말로 독자의 반응을 생생하게 느낄 수 있다. 그 시간을 통해 그림책의 글과 그림의 관계에 대해, 또 작가들이 반응을 이끌어내기 위해 얼마나 치밀하게 장치를 만들어 내는지 자연스레 알게 되었다는 것이다. 그 예로 작가는 아들 만희가 좋아한 하야시 아키코 작가의 《이슬이의 첫 심부름》을 언급한다.

세상에. 아이와 그림책을 읽는 동안 나에게 그림책의 글과 그림이 어떤 관계인지 알려준 첫 번째 교과서는 《만희네 집》인데! 나는 글이 말하지 않아도 그림이 독자에게 수수께끼를 내고, 손을 잡고 이야기로 끌고 가는 경험을 《만희네 집》에서 했다. 《만희네 집》을 보고 또 보던 아이가 어느 페이지에서 "엄마, 여기는 색깔이 달라." 작은 손가락으로 짚은 순간이 아직도 기억난다. 과연 각

《만희네 집》

장면에는 흑백으로 그려진 부분이 있었다. 아이가 다른 책을 읽는 동안, 나는 왜 그림의 특정 부분만 흑백인지 공통점을 찾기 위해 몇 번이고 다시 읽었다. 갸웃거리는 엄마에게 아이가 알려주었다. "거기는 불이 꺼져서 캄캄한 거야. 그래서 내가 들어가서 불을 켜면 색깔이 나타나." 아! 과연 흑백 부분은 다음 장면과 연결이 되었다. 목욕탕이 흑백인 장면에서 다음 장으로 넘기면 칼라 목욕탕이다. 목욕탕 바깥으로 흑백 계단이 보이면 다음 장은? 2층 옥상으로 이어진다.

작가가 숨겨놓은 장치가 또 있을 것 같아, 아이와 함께 그림 탐정이라며 샅샅이 그림을 훑어보았다. 마침내 자개장이 대구 할머니 자개장과 똑 닮았고, 반찬을 덮어놓는 보자기는 목포 할머니댁과 똑같다는 걸 찾아냈다. 아이는 목욕탕 세면대 아래 있는 그릇이 뭔지도 궁금해했다. "밤에 화장실 안 가고 편하게 쉬하는 요강이란다." 아이는 《만희네 집》 덕분에 요강뿐만 아니라 '광'도 알았고, '뒤껼'도 알게 되었다. "엄마가 어릴 때 살았던 집이 이랬다고?" "엄마 살던 집은 담 위에 이렇게 쇠창살 대신에 유리병 깨진 것을 꽂아 놓았어. 도둑이 못 들어오게."
엄마 어릴 때 살던 집…, 나는 어느새 어린 시절의 집으로 곧장 날아간다. 나뿐만이 아닐 것이다.

《만희네 집》에는 세월이 차곡차곡 쌓여 있다. 표지의 벽돌 모양 제목만 봐도 벽돌집이 많았던 한국 1970~80년대 단독주택의 구조와 생활상, 분위기가 떠오른다. 어른 독자는 뒤주, 개다리 소반, 쇠절구, 양은솥 등 익숙하지만 이젠 보기 드문 물건들을 보며 어린 시절의 집을 떠올릴 것이다. 철학자 가스통 바슐라르는 '집은 우리의 몸과 마찬가지로, 우리 존재의 가장 가까운 껍질'이라고 했다. 바슐라르가 말한 삶의 진실을 품은 은밀한 공간이 우리 기억 속에서 재생된다. 《만희네 집》 덕분에 재생된 기억에는 오감이 총동원된다. 만희가 햇볕 좋은 날 옥상에 넌 이불 사이를 물고기처럼 헤엄쳐 다니는 모습을 보면 그 부드러움이 내 피부를 간질인다. 서재의 두툼한 노트북 컴퓨터를 보면 01420 모뎀 접속 소리가 들릴 듯하다. 괘종시계 소리는 뎅뎅 울리고, 라디오에서 'I Will Always Love You' 팝송이 들릴 것만 같다.

담벼락 아래 화단에서는 접시꽃, 사루비아, 분꽃, 나팔꽃의 향기와 불어오는 선선한 바람이 느껴진다. 가장 낯설고도 익숙한 소리는 아이들이 노는 소리이다. 어느 순간 만희 옆에 아이들이 있다. 이웃집 아이들인지, 마침 사촌이라도 놀러 왔는지 책에는 아무 설명이 없다. 그저 아이들은 신나게 놀다가 또 스스륵 사라진다. 그 시절 집들이 그랬듯 부엌과 마당이 통해 있고 대문까지 열려 있으니 "만희야 노올자~"라며 뛰어 들어왔을 것이다. 새삼《만희네 집》은 그저 집을 그린 것이 아니라 삶과 기억, 관계와 정체성을 켜켜이 쌓은 문화 기록물이라는 사실을 깨닫는다.

김진애 건축가는《도시는 무엇으로 사는가》에서 "공간은 관계다. 공간이 어떻게 짜여 있느냐에 따라 사람들의 관계 방식이 달라진다."고 했다. 만희네 집에 뛰어 들어왔던 아이들은 이제 누구의 집에서 누구와 놀고 있을까? 같은 아파트에 살아도 이름을 모르는 경우가 숱하고, 엘리베이터에 누군가 타면 인사를 할까 말까 얼른 선택을 해야 하는 우리 아이들은 이웃집보다 인터넷에서 놀기를 선택한 듯하다.

나는《만희네 집》안에 사는 사람들을 조금 더 들여다본다. 아이들이 어울려 노는 건 정답고 좋지만, 살림살이가 커서 여자들은 고생한 집 같기도 하다. 된장 하나 뜨려고 광 위에 있는 장독대까지 오르락내리락해야 하고, 옥상에서 키운 파를 다듬고, 재봉틀질하느라 바쁘다. 하지만 자세히 들여다보니 어느 순간 엄마는 그림을 그리고 할머니는 누워 있다. 그동안 아빠는 아이를 돌보고 할아버지는 옥상 텃밭에 물을 준다. 책이 나온 해가 30년 전 1995년인 것을 생각하면, 당시 지역 미술운동을 하다 첫 그림책《만희네 집》을 그렸고, 지금까지 인권에 대한 지극한 열정을 보여주는 권윤덕 작가라서 이런 풍경이 나온 것 같기도 하다.

보라색 면지에는 나팔꽃이 가득하다. 앞면지의 나팔꽃은 활짝 피어있고, 뒷면지 나팔꽃은 꽃잎을 접고 있다. 밤이기 때문이다. 하루 종일 뛰어놀았던 만희는 잠들었고, 현관에는 신발이 가지런하게 놓여 있다. 자기 전에는 내일 또 바삐 신고 나갈 신발을 정리하는 성실한 이에게 선물같이 주어진 밤이다. 만희네 집에서 하루가 저물었고, 시대가 바뀌고 있다.

《만희네 집》을 유난히 좋아한 두 아이 덕분에 이 책을 수십 번 읽었다고 생각했는데도《나의 작은 화판》을 읽으며 "이런 장면이 있었구나" 몇 번이나 무릎을 쳤다. 강아지가 세 마리나 있는 것은 알았지만 이름이 있는 줄은 몰랐다. 가장 어린 '꼭지'는 늘 어딘가를 기어오르고, 뭔가를 물고 달아나는 건 귀가 너풀너풀한 '가로'녀석이다. 늙은 '복실이'는 먼 곳을 바라보며 생각에 잠긴다. 권윤덕 작가가 아들 만희에게 읽어준 그림책이 유리 슐레비츠의《새벽》인 것도 책을 보고 알았다.《새벽》은 작가에게 의미가 남다르다. 시구절의 행간을 작가가 적극적으로 해석해 그림으로 표현한 형식을 보고 자극을 받아 '우리시그림책' 시리즈에 선뜻 참여했고, 그래서 나온 책이《시리동동 거미동동》(창비)이다.《나의 작은 화판》에세이를 읽다보니 조카에게 물려준《시리동동 거미동동》을 다시 사야겠다. 일단《꽃 할머니》부터 다시 읽고!

⟨만희네 집⟩

우리는 누구나 자신만의 작고 하얀 화판을 가지고 태어난다.
화판에 무엇을 담아 어떻게 그려 갈지는 저마다 다를 것이다.
수없이 많은 탐색선을 그을 수 밖에 없고, 대부분이 삐뚤고 망친 선 투성이겠지만
그것만으로도 충분히 값지지 않을까.
거기서 다시 그려 나갈 실마리 하나쯤은 발견할 수 있을 테니까.

《나의 작은 화판》, '책을 열며' 중에서

〈만희네 집〉

"우리 앞집에 그림책작가님이 살아요!"

온화한 어른들을 일상적으로 마주하는 것의 의미

글 · 박세희

아이를 키우며 한결같은 평정심을 유지한다는 건 쉬운 일이 아니다. 그런 부모의 감정을 오롯이 받아내는 아이들의 마음도 마당의 잡초처럼 들쑥날쑥하긴 마찬가지일 것이다. 평창동 주택가를 오르는 길 중턱에 아이 셋과 복작거리며 사는 우리 집은 권윤덕 작가님의 집과 마주 보고 있다. 이사를 하고 처음 떡을 들고 인사를 드리러 갔을 때 아이들도 데리고 오라고 하셔서 함께 방문한 작가님의 서재에서 신기한 물건들을 만지고 싶어 하는 어린아이들을 조심시키던 기억이 벌써 4년 전이다.
그때 작가님의 화판에 그려진 풀숲의 섬세한 선과 고운 색을 한참 들여다보았는데, 얼마 후 베트남 전쟁에 참전한 군인의 상흔을 그린 《용맹호》로 출간되었다. 그 책을 아이들이 얼마나 이해할 수 있을지 고민이 많으셨을 작가님은 출간 전에 미리 우리 아이들에게 보여주시기도 했다. 커다란 역사적 아픔과 상처를 아이들이 목도하고 받아들일 수 있는 만큼의 날카로움으로 가다듬는 작업에 들이는 작가님의 노고를 느낄 수 있었다. 지난 전쟁을 마주하고 그것을 아이들에게도 간곡히 전하시려는 작업이 얼마나 고되셨을까 짐작하며 한편으로는 작가님의 그림이 그토록 고운 이유가 아이들을 위한 정성 어린 작업이 아닐까 생각했다.

권윤덕 작가님 댁 앞마당에서

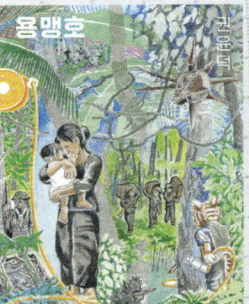

《용맹호》 권윤덕 글·그림, 사계절

우리 집 아이들에게 권윤덕 작가님 댁은 다정한 할아버지, 할머니가 살고 계신 앞집이다.
코로나가 한창이던 시절 어린이집을 가는 딸들에게 앞집 할아버지께서 마당에 핀 나팔꽃과 도라지 꽃을 구경하러 오라고 하셨다. 모두가 모두에게 경계심을 품고 철통같이 마스크를 하던 때에 대문을 활짝 열어주신 마음이 아이들에게도 나에게도 숨통이 트이던 순간이었다. 그때 다섯 살이었던 막내가 어느덧 초등학생이 되었다. 하루는 등교하러 나오는 길에 마당의 나무를 손질하는 앞집 할아버지를 마주쳤다. 막내는 수줍게 인사하곤 어딘가 씩씩해진 모습으로 나에게 "앞집 할아버지가 있어서 참 좋아."라고 말했다. 막내의 마음에서 크고 작고 몽글몽글한 무언가가 느껴졌다. 그 작고 소박한 좋음의 의미가 무엇이었을까.

아이가 새로운 사회로 건너가는 길에는 부모의 눈에도 보이지 않는 여러 '장벽'이 있을 텐데 그것을 넘기 위해 자신이 오롯이 내어야 하는 용기가 있다. 그 용기를 내기 위해 필요한 응원은 어쩌면 부모의 힘만으론 부족한 것 같다. "시경이 학교 가는구나."에 담긴 따뜻한 시선과 응원이 아이의 마음에 햇빛처럼 따스하게 닿는 것을 보았다. 그 시선이 일상적인 마주침을 통해 작용하는 힘은 또 얼마나 큰지, 익숙함이 주는 편안함이 아이에게 어떻게 작용하는지 차곡차곡 쌓이는 시간을 통해 알아가는 중이다.

출판사에서 신간이 많이 들어오는 작가님의 서재는 초등학교 입학하기 전의 딸들에게 작은 도서관이 되어주기도 했고, 꼼꼼한 둘째는 서재 안의 빈 노트에 대출 기록을 적어 두었다. 가지런한 앞집 마당에 꽃이 피면 아이들을 데리고 꽃구경을 간다. 그곳엔 할머니의 살구 콩포트로 빛을 발할 살구나무, 앵두나무, 단풍나무, 감나무가 있다. 내복을 입은 채 건너간 마당에서 할아버지는 첫째가 우리 집 마당에서 로켓처럼 쏘아 올린 종이비행기가 할아버지 마당으로 떨어졌는데 북에서 넘어왔나 생각하셨다거나 요즘은 피아노 소리가 안 들리네? 하신다. 할아버지의 음성은 나무처럼 고요하고 웃음은 작은 바람처럼 일렁인다. 할아버지 할머니가 부지런히 가꾼 마당의 나무를 들여다보는 중에 우리가 사는 집과 마당도 가까이 건너에서 바라보고, 거실에서 할아버지가 내어주신 간식이나 할머니의 비건 빙수를 먹고, 할머니의 서재에서 오래된 그림책을 고르고 작업실에서 물감 냄새를 맡았던 순간이 아이들에게 어떻게 스밀지 궁금하다.

부모는 아이에게 매일 물을 준다. 물을 주는 손길에는 이런저런 부모의 마음이 담긴다. 하지만 멀리 높은 곳에서 내려다보는 해는 어떤가. 해가 비추는 결은 늘 같다. 아이가 비도 바람도 스스로 견디며 자라는 모습을 가만히 지켜본다. 아이들이 자라면서 온화한 어른을 곁에 두는 일이 많았으면 좋겠다. 아이에게 어른은 나아갈 세상이다. 이토록 불안한 세상에서 아이들이 정서적으로 안전하게 기댈 구석이 일상 속에 존재하기를 소망한다.

2025년 4월 11일 토요일 맑음

시경이의 일기

우리 이웃집에 할아버지 할머니가 사신다.
물론 친할머니, 친할아버지는 아니다.
앞집 할아버지는 마당을 관리하시고 할머니는
작가이시다(그림책, 글책). 성함은 권윤덕 작가님이시다.
고양이는 나만 따라 해, 씩스틴, 시리동동 거미동동,
만희네 집, 만희네 글자벌레, 피카이아, 나무 도장
등을 쓰셨다. 나는 작가님이랑 이웃이어서 좋다.

김시경(초2) 어린이의 글과 그림

시윤이의 일기

우리 집 안방에서는 앞집 마당이 보인다. 가끔 할아버지는
마당에 나와 커피를 마신다. 할아버지는 마당에 있는
'공작단풍'과 잘 어울리신다. 종종 앞집에 놀러 가면
집 안에서는 책 냄새가 풍긴다. 2층에는 큰 책장이 있고
그 옆에 할머니의 작업실이 있다. 그곳에는 신기한 게 많다.
창문에 그려진 독수리, 여러 가지 물감, 붓 등.
할아버지께서 매일 마당을 가꾸셔서 그런지
앞집 마당에는 잡초가 없다. 나도 앞집 마당처럼
우리 마당을 자주 손질하도록 노력해야겠다.

김시윤(초4) 어린이의 글과 그림

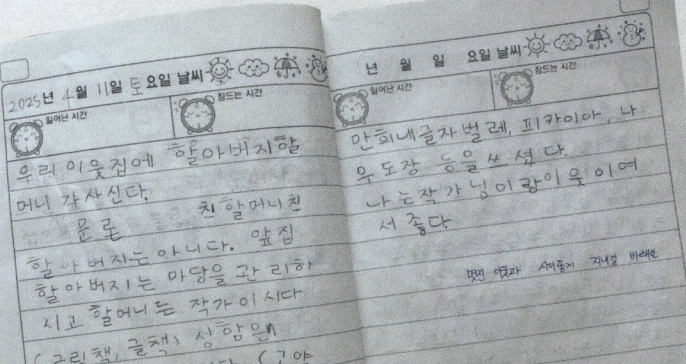

박세희 | 서울 시골 같은 동네에서 남편, 아이 셋과 함께 지내며 요가와 걷기, 피아노와 수학을 좋아합니다.

"어린이가 이 그림책을 보고 있으면 옆에 있던 어른은 어린이가 숲에 숨어있는 동물을 찾기까지 기다리지 못하고 무엇이 숨어 있는지 열심히 알려주려고 합니다. 무엇이 숨어 있는지 스스로 발견하는 기쁨을 느끼게 해 주기 위한 그림책인데, 그 답을 미리 알려주는 것은 어린이가 발견하는 기쁨을 빼앗아 버리는 것입니다. 어른은 그것을 알지 못합니다. '봐. 있잖아. 음메 하고 우는 것'이라고 힌트를 줍니다. 정말 유감스러운 일입니다."

한스 크리스티안 안데르센 상, BIB 황금사과상 등을 수상한 안노 미쓰마사 작가의 《스스로 생각하는 아이》(한림출판사) 중에서

"우리는 아직 어리니까 앞으로 많은 벽에 부딪힐 것이고, 어쩌면 산산조각이 나 버릴지도 모릅니다. 그때 다시 출발점으로 돌아와 벽을 마주할 수 있는 힘을 어른들에게 배우고 싶습니다."

《로쿠베, 조금만 기다려》(양철북)의 작가 하이타니 겐지로의 《하이타니 겐지로의 생각들》(양철북) 중에서

"우리가 어린 시절의 집을 떠난 적이 있을까? 어린 시절의 집은 우리 마음속에 영원히 살아 있다. 설령 집이 완전히 무너지거나 사라져 버렸다고 해도."

페르잔 오즈페택(이탈리아 영화감독), 《나의 집, 너의 집, 우리의 집》 (루카 토르톨리니 글, 클라우디아 팔마루치 그림, 웅진주니어) 중에서

바삭바삭, 노릇노릇, 달콤달콤
팝콘처럼 따뜻함이 솔솔~

팝콘을 실컷 먹는 게 소원인
아주아주 작은 다람쥐의
팝콘 대소동!

박현지 글·그림 | 40쪽 | 16,800원

도서출판 노란돼지 | www.yellowpig.co.kr 인스타 @yellowpig_pub

마음이 힘들어 잠시 멈추고 싶을 때,
작은 '숨통'이 되어 줄 쉼표 같은 그림책

재치 있는 표현으로 다양한 마음을
요리에 비유한 그림책
《마음먹기》 후속작

마음 쉬기

자현 글·차영경 그림 | 52쪽 | 16,000원

달그림 | 인스타그램 @dalgrimm_pub

제6회 보림창작그림책공모전 수상작 **20**주년

어린이의 눈, 어린이의 목소리로 들려주는 우리 시대 가족 이야기.

《우리 가족입니다》

우리 가족입니다.
엄마, 아빠, 나, 동생, 할머니.
이렇게 다섯 명입니다.

스무 해의 시간 동안
변하지 않은 가족에 대한
지극한 사랑.

이혜란 지음
258X220 mm | 40쪽 | 13,000원

(주)보림출판사 | 주문 및 문의 전화 | TEL 031-955-3444

그림책과 함께 예술가의 집으로

동양화를 알려 주는 빨간 집과 비밀의 정원, 박노수미술관

박노수미술관은 박노수 화백의 시간과 손길, 감각과 안목이 오롯이 담겨 있는 비망록이다. 일반적으로 미술관을 떠올릴 때면 시멘트로 축조된 각이 진 건물을 상상할지 모르겠다. 그래서 적지 않은 관람객이 의아한 마음으로 살림집을 닮은 박노수미술관을 방문한다. 그러나 막상 정문을 들어서면 아름다운 정원과 아늑한 주택이 그들을 맞이한다. 〈라키비움J〉 독자들을 위해 《화가의 집, 박노수미술관》를 쓴 송희경 작가가 직접 책을 들고, 박노수 화백의 집을 즐길 수 있는 팁을 준비했다.

《화가의 집, 박노수미술관》

《화가의 집, 박노수미술관》과 함께 미술관 하루 여행

글 · 송희경

《화가의 집, 박노수미술관》
송희경 글, 이소영 그림, 연립서가

화가의 집은 남다르다. 일상을 누리는 단순한 생활공간일 뿐만 아니라 창작과 감상이 이뤄지는 예술의 산실이기 때문이다. 남정 박노수 화백의 집도 그러하다. 1937년에 지어진 빨간 벽돌집의 첫 번째 주인은 윤덕영이라는 일제강점기의 관료였는데, 박노수 화백은 46세가 되던 해인 1973년에 빨간 벽돌집을 사게 되었다. 친일파의 집이니 허물고 새로 지어야 한다는 주변의 반대에도 불구하고, 40년 가까이 살며 그림을 그리면서 정성껏 가꿨다. 박노수 화백의 손길 덕분에 1991년에는 '서울시문화재자료 1호'로 지정되어 그 역사적 가치를 인정받기도 했다. 박노수 화백은 이 집을 종로구에 기증했고, 이제 시민 누구나 즐길 수 있는 미술관으로 재탄생되었다.

미술관을 둘러보기 전 먼저 박노수 화백에 대해 알아보자. 1927년 충남 연기군에서 태어나 자연을 만끽하며 성장한 박노수 화백은 아지랑이, 뻐꾸기 소리, 산과 들이 어린 시절 친한 벗이었다. 이러한 아름다운 추억은 창작에 훌륭한 자양분이 되었다. 박노수 화백은 훗날 도쿄로 유학을 가고 싶었으나, 태평양전쟁 말기인 탓에 뜻을 이루지 못했다. 청전 이상범의 개인 사숙인 청전화숙에서 처음 지필묵을 접했다. 그의 나이 18세 때의 일이다. 1952년 서울대학교 미술대학 회화과(동양화과)를 졸업하고 1956년부터 1982년까지 이화여자대학교와 서울대학교에서 학생을 가르쳤다. 22세인 1949년부터 54세인 1981년까지 한 번도 빠짐없이 매년 대한민국미술전람회(국전)에 출품했다. 1954년 제3회 국전에서 특선을, 1955년 제4회 국전에서 대통령상을 받았다.
2011년 종로구립 박노수미술관 설립을 위한 기증 협약을 체결하고 2013년 개관전 《달과 소년》이 열리게 되었지만, 아쉽게도 전시를 보지 못하고 86세의 나이로 세상을 떠났다.

이제 책을 살펴보자. 주인공 서준이는 할아버지와 함께 제1전시실에서 박노수 화백이 만든 검은 색으로 그려진 여인을 만난다. 서준이는 코끼리 상아를 갈아 태워 물감을 만들 정도로 자신이 원하는 색을 창조하려는 박노수 화백의 열정에 놀란다. 제2전시실에서는 조선 초기 '개국공신'까지 되었던 말들의 이야기에 빠져든다. 고구려 고분벽화 〈수렵도〉에도 비견되었던, 박노수 화백이 그린 검은 말이 왜 화려하게 느껴지는지 필선에 대해 이야기를 나눈다. 제3전시실에서는 서정주 시인의 〈피는 꽃〉을 읽으면서 선비의 마음을 상상해 보고, '시와 글씨와 그림은 같다'라고 생각한 문인화의 세계를 즐긴다. 제4전시실에서는 원색의 세계에 풍덩 빠져본다. 채색은 오랫동안 일제강점기의 산물이라 여겨졌지만, 고려불화, 절의 단청을 떠올려보면 원색 역시 우리의 전통이다. 한국적 채색이 무엇인지 골똘히 생각하고 그 색을 찾기 위해 노력한 박노수 화백이 어떻게 전통을 현대화했는지도 알게 된다.

이 책에서는 박노수 화백의 그림뿐만 아니라 그림책 작가 이소영의 수채화를 함께 즐길 수 있다. 마음을 담은 그림으로 독자에게 감동을 선사해 온 이소영은 박노수 화백의 그림을 오마주하여 비밀의 정원과 미술관을 표현하였다.

〈화가의 집, 박노수미술관〉

책을 살폈다면 이제 미술관에 직접 가 보자. 우선 집과 키가 거의 비슷할 정도로 높이 솟은 소나무를 찾아보자. 옛날부터 동양화가들은 상황에 따라 변하지 않는, 늘 푸른 소나무를 닮고자 하는 마음으로 소나무를 그렸고 박노수 화백 역시 화폭에 담곤 했다. 앞뜰에서 화려하게 피어난 모란도 찾아보자. 혹시 시기를 놓쳤다면 《화가의 집, 박노수미술관》 15쪽을 펼쳐보자. 박노수 화백이 그린 〈길상여의〉에도 붉은 모란과 하얀 모란이 탐스럽게 피어 있다. '기쁘고 복된 일이 항상 일어나라'는 길상여의의 뜻과 잘 어울리는 그림이다.

이제 미술관 내부로 들어가자. 원래는 살림집이었기 때문에 다른 미술관과는 달리 신발을 벗고 들어가야 한다. 실내화로 갈아 신었다면 모든 준비는 끝. 집안 곳곳에서는 박노수 화백의 다양한 회화를 감상할 수 있다. 2층으로 올라가면 직접 썼던 붓과 벼루, 물감까지 그대로 둔 책상이 놓여 있으며, 미디어 아트로 꾸민 공간과 욕실과 화장실을 개조하여 만든 아카이브 룸이 나온다. 다락방에 앉아 미술관의 역사와 건축 양식을 설명하는 영상도 감상할 수 있다.

이제 여러분도 책을 들고 박노수미술관을 거닐어 보자.

송희경 | 동양화를 그리다가 옛 그림에 흠뻑 빠져 한국미술사를 공부하기 시작했다. 박물관 큐레이터로 근무하면서 전시를 기획했고, 연구기관에서 고사인물화를 연구했으며, 오랜 기간 대학교에서 학생들을 가르쳤다. 옛 그림에 담긴 뜻을 탐구하는 데 힘써 왔고, 그 가치를 여러 사람들과 나누는 일에 관심이 깊다. 또한 이를 현대적으로 재해석한 21세기 한국화를 널리 알리고 있다. 저서로는 《조선후기 아회도》, 《아름다운 우리 그림 산책》, 《대한민국의 역사, 한국화로 보다》, 《화가의 집, 박노수미술관》 등이 있다. 현재 강서구에 위치한 겸재정선미술관 관장으로 재직 중이다.

박노수 화백의 그림을 떠올리면 푸른빛이 가장 먼저 생각난다. 박노수의 작품을 실제로 마주하면 한지 위에 스민 맑고 깨끗한 아름다움에 반해 쉽게 눈을 뗄 수 없다. 《화가의 집, 박노수미술관》의 겉표지는 짙고 깊은 푸른색이다. 박노수의 그림 속 파란색은 그보다 훨씬 맑고 밝은 파랑이기는 하나, 화가의 그림이 자연스럽게 연상되고 미술관의 한 벽 같은 느낌도 든다. 겉표지의 오른쪽에는 아치형으로 구멍이 뚫려 있다. 구멍 사이로는 속표지에 그려진 화가의 집이 슬쩍 보여 공간감을 만든다. 아치형 구멍은 창문 같기도 하고, 겉표지 전체가 대문처럼 보이기도 한다. 표지를 넘겨 책의 본문으로 들어가는 게 꼭 문을 열고 화가의 집으로 들어가는 것 같다. 푸른빛이 화가의 집을 더욱 신비롭게 만든다.

지난 4월 햇살이 눈부신 봄날, 박노수미술관 정원의 모란이 만개했다는 소식을 들었다. 모란은 박노수가 즐겨 그린 소재이기도 하다. 딱 좋은 때라는 생각이 들었다. 초등학교 4학년 아들과 《화가의 집, 박노수미술관》을 함께 읽고, 책 속 화가의 집을 직접 찾았다.

어린이와 함께 박노수미술관 100% 즐기기

글_표유진, 윤치호

광화문역 2번 출구에서 마을버스를 타고 박노수미술관 정류장에 내렸다. 주변을 두리번거리며 아이가 말했다.
"엄마 진짜 여기에 미술관이 있어? 그냥 동네인데."
책 속 서준이와 똑같은 반응이었다. 《화가의 집, 박노수미술관》은 초등학생 서준이와 할아버지가 박노수미술관을 둘러보며 나누는 대화로 이루어져 있다.

나도 같은 반응이었다. 마을버스 한 대가 지나가면 길가의 모든 사람들이 바짝 몸을 움츠리고 피해야 하는 서촌의 골목길, 여기 어디에 미술관이 있다는 걸까? 그때 전봇대 위에 걸린 작은 표지판이 눈에 띄었다. 표지판이 가리키는 쪽을 따라 몸을 돌리자 와! 진짜 미술관이다. 책에 그려진 붉은 2층 집이 그림처럼 그곳에 서 있었다.

"진짜 소나무도 있고, 모란도 있네. 조각상도 똑같애. 엄마 여기에서 작가님이 진짜 사셨다는 거지?"
화가가 40여 년을 거주한 집이 그를 기념하는 미술관이 되었다는 사실이 아이는 여전히 신기한 듯했다. 미술관 내부 그러니까 집 안으로 들어가기 전 정원을 먼저 돌아보았다. 정원의 꽃과 나무, 석조상과 석등 하나하나 화가의 손길이 닿아있다고 생각하니 모든 게 다 예뻐보인다고 했다. 책 뒷부분, 박노수미술관 뜰을 안내하는 지도를 펼쳐 들고 자그마한 정원을 유심히 살폈다. 몸을 낮춰 작은 봄꽃을 보고, 풍경화처럼 신비로운 수석의 자태에 감탄했다. 동자석의 표정을 따라 해 보고, 화가가 디자인했다는 탁상에 앉아 다시 책을 훑어보며 화가에 대한 정보도 살펴보았다. '이런 집에서 살면 좋겠다.' 하는 부러움 섞인 바람은 절대 빼놓을 수 없는 감상이다.

이제 내부로 들어갈 차례, 미술관 안은 사진 촬영이 금지되어 있었는데 기록의 측면에서는 다소 아쉬울 수 있으나 충분히 공간과 작품을 감사할 수 있어 개인적으로는 무척 마음에 드는 규칙이었다. 다음은 화가의 집과 그림을 동시에 구경하느라 무척 바쁜 와중에 중간중간 자신의 감상을 기록까지 하며 미술관을 즐긴 아이의 취재 일기 중 일부 내용이다.

입장권을 내고 미술관 안으로 들어가면 먼저 거실이 나와요. 참 이 미술관은 팔십 년도 더 된 건물이니 건물 안에선 살살 걸어야 해요. 거실에는 커다란 작품 2점이 전시되어 있었어요. 저는 이곳에서 〈강〉이란 작품의 파란색이 좋았답니다.

바로 옆 안방에서는 〈말〉과 〈백로〉라는 작품의 은은한 파란색이 좋았고요. 박노수 작가님의 파란색이 정말 멋지다고 엄마가 이야기해 주었는데 직접 보니 그 말이 사실이었어요.

주방에는 주로 선비들을 그린 작품이 많았는데, 저는 푸른 사슴이 혼자 있는 작품이 마음에 들었어요. 저는 이 작품이 박노수미술관에 있는 모든 작품 중 제일 좋았답니다. 여러분도 한번 봐 보세요. 그 작품의 제목은 '무제'였는데, 제가 박노수 작가님이었다면 '달과 사슴'이라고 제목을 지었을 것 같아요.

위층에는 화실 겸 서재, 화장실, 공부방, 다락방이 있어요. 화실 겸 서재에는 〈강변〉이란 작품이 있는데 이 작품은 신기하게도 파란색으로 산을 칠하고 하얀 여백으로 강을 나타냈답니다.

화장실에서는 박노수 작가님과 관련된 영상을 보실 수 있습니다.
다락방에서도 영상을 보실 수 있는데 미술관 건물과 관련된 영상이랍니다. 이 영상에서 건물이 '절충식 문화주택'이란 걸 아실 수 있어요. 서양식과 일본식이 섞인 건물이래요.

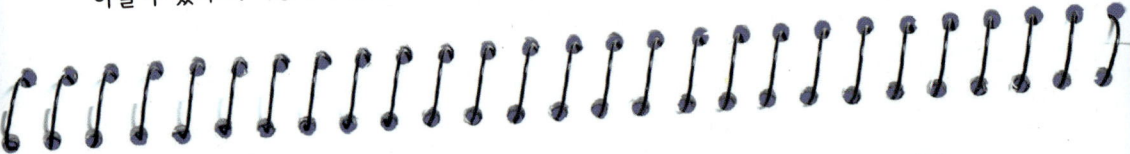

공부방에는 박유석 작가님이 박노수 작가님의 작품에서 영감을 받아 만든 작품이 있어요. 돌에 다가 빛을 쏴서 만든 작품이에요. 밖으로 나오면 미술관 뜰 한쪽 테이블에 색칠을 할 수 있는 엽서와 색연필이 준비되어 있어요. 미술관에 핀 꽃 그림이 그려져 있어요.
저도 박노수 작가님 작품에서 영감을 받아 파란색으로 색칠을 했답니다.
여러분도 꼭 해 보세요!

윤치호(초4) 어린이의 글과 그림

정원에서는 《화가의 집, 박노수미술관》 책을 펼치고 책과 정원을 비교하며 감상을 했다면, 내부에서는 미리 읽은 책의 정보를 바탕으로 온전히 미술관 건물과 그림에 집중한 시간이었다. 지식과 느낌이 자유롭게 어우러져 더욱 풍성한 감상을 경험할 수 있었다.

다락방 창으로 하얀 나비가 나폴나폴 날아다니는 모습을 한참 바라보다가 다시 밖으로 나왔다. 뒤뜰과 연결된 계단을 올라가니 박노수미술관의 뒤태가 한눈에 보인다. 다섯 개의 굴뚝과 기와가 만든 풍경이 참 예쁘다. 아파트 단지에 살고 있는 아이에겐 서촌의 오래된 건물들이 모여 만든 도심의 풍경도 구경거리이다. 돌아오는 길엔 마을버스 대신 걸어서 경복궁 역까지 가기로 했다. 사람도 많고 먹을거리도 많다. 집으로 돌아가는 지하철 안에서 아이와 다시 한 번 책을 펼쳤다. 이제는 낯익은 그림과 풍경이 눈에 들어왔다. 우리는 가을이 되면 다시 한 번 미술관을 찾기로 했다.

미술관 앞뜰
감상 포인트!

벽돌집과 키가 비슷한 소나무, 박노수 화백이 디자인한 탁상과 의자, 자연석, 붉은 금붕어가 사는 연못, 해태상, 동자석 등의 위치가 안내되어 있다. 각양각색의 꽃과 나무의 이름을 앱으로 알아가며 그 생태를 관찰하면 좋은 야외 수업이 될 것이다. 화가가 살아 있는 동안 수집한 물확, 석등, 향로석, 지붕돌 등의 용도를 추측해 보며 알아가는 재미도 있다.

돌의자에 앉아 정원 지도를 살펴보자!

소나무와 건물을 동시에 감상할 수 있는 포인트!
책 펼치고 인증샷도 잊지 말자!

곳곳에 화가의 취향이 가득! 인공물과 자연물이 자연스럽게 어우러진 정원은 작지만 매우 알차다!

⑫ 수석
⑬ 연못
⑧ 박노수 흉상
⑦ 모란
③ 해태상
② 물확
⑩ 향로석
④ 탁상과 의자
⑪ 지붕돌
⑥ 동자석
⑨ 석등
⑤ 유리 온실

《화가의 집, 박노수미술관》

《빛을 그리는 화가, 모네의 연못과 수련 이야기》
베아트리스 퐁타넬 글, 알렉상드라 위아르 그림,
이상인 옮김, 미래엔아이세움

이제 모네 씨는 근사한 파란색 부엌으로 내려와
아침을 먹습니다. (노릇하게 지진 내장 소시지였어요.)
그의 작업을 적극 도와주는 의붓딸이자 제자인 블랑슈가
일찍이 일어나 있고요. 요리사도 이미 커피를 준비해 두었어요.

《빛을 그리는 화가, 모네의 연못과 수련 이야기》

프랑스에 있는 클로드 모네의 집은 전 세계에서 가장 유명한 화가의 집일 거예요. 화가의 그림만큼 많은 사람들이 그가 직접 가꾼 이 집을 사랑해요. 모네의 집이 궁금하다면 《빛을 그리는 화가, 모네의 연못과 수련》을 펼쳐 보세요.

⊙ 주소 : 84 Rue Claude Monet, 27620 Giverny France

《운하 옆 오래된 집》
토머스 하딩 글, 브리타 테켄트럽 그림, 남은주 옮김, 북뱅크

〈운하 옆 오래된 집〉

안네 프랑크 하우스는 나치의 유대인 박해를 피해 숨어 지낸 안네 프랑크와 가족의 은신처예요. 이곳에서 안네는 일기를 쓰며 유대인 대학살의 참상을 생생히 기록했어요. 《운하 옆 오래된 집》을 통해 안네와 안네 프랑크 하우스의 이야기를 만나 보세요.

◉ 주소 : Westermarkt 20, 1016 DK Amsterdam The Netherlands

> How wonderful it is that nobody need wait a single moment before starting to improve the world.
>
> - Anne Frank, 1929-1945

평화로운 곰배령 마을, 동네 유일한 어린이 '산'이 사라졌다고?
"감히 어떤 놈이 겁도 없이 우리 마을을 들쑤신 게야?"

사라진 어린이를 찾기 위해 온 마을이 들썩인다!
세상 모든 어린이의 건강한 성장을 기원하는
곰배령 마을의 아주 특별한 연대

『곰신할미전: 곰배령의 전설』
조영글 그림책

★★★★★

"둥글둥글 민화풍 그림들은 이야기만큼 정겹게 느껴진다." 국민일보
"사라진 어린이를 찾기 위해 들썩이는 명랑하고 유쾌한 마을!" 서울신문
"모든 그림이 뾰족하거나 날카로운 부분 없이 그려져 다정하고 푸근한 인상을 주는 책." 연합뉴스
"곰신할미가 산이를 찾아 나서며 벌어지는 사건을 옛이야기를 들려주듯 그렸다." 경남도민일보
"어린이와 함께하는 마을 사람들의 따뜻한 정을 느낄 수 있는 그림책." 조용근(초등교사)

교과 연계

통합교과 『우리나라』
1학년 1학기 「우리나라 놀이」

통합교과 『마을』, 2학년 1학기
「우리 마을이 궁금해요」

전화 1833-7247 | 홈페이지 www.changbiedu.com | 메일 contents@changbi.com | 인스타그램 @ changbiedu_book

날마다 달마다 계절마다 펼쳐 놓는 아름다운 사계절의 기록

봄이 오면 어떤 꽃을 만날까요?
여름에는 무얼 하고 놀까요?
가을에는 어떤 열매가 열릴까요?
겨울 밤하늘에서는 어떤 별이 빛날까요?
봄의 향기, 여름 소리, 가을의 빛깔, 겨울의 맛…
스치듯 지나는 계절 속에서 만나는
예쁘고 귀엽고 소중하고 아기자기한 모든 순간을
차곡차곡 예쁘게 모아 보세요!

글 이아 | 그림 한요 | 88쪽 | 17,000원

그림책 들고 우리 같이 걸을까?

①	②	③	④	⑤

창경궁에 가면	**제주에는 소원나무가 있습니다**	**우리 같이 걸어요 서울 성곽길**	**돌고 돌아 흐르는 강물처럼, 하회마을**	**경주를 그리는 마음**
눈부시게 그리운 봄날의 추억속으로 사뿐사뿐, 자박자박.	가지마다 하얗게 피어나는 간절한 마음.	단단한 성곽 사이 켜켜이 쌓인 시간의 역사.	느리게, 가만가만, 하회마을을 걷는 시간.	천년의 시간을 성큼, 반짝이는 어제의 신라, 오늘의 경주속으로.

〈창경궁·제주·서울성곽길·하회마을·경주〉의 시간을 걷는 이야기
느리게 걷듯 천천히 읽어요!

전화 031)976-8235 전자우편 kiwibooks7@gmail.com 인스타그램 kiwibooks7

하예라의 음악이 흐르는 그림책

악기 이름만 알아도
더 잘 들려요!
오케스트라

여러분은 오케스트라 공연을 보러 간 적이 있나요? 오케스트라는 다양한 악기로 구성된 대규모의 관현악단을 의미합니다. 오케스트라에는 익숙한 악기도 있지만, 어떤 악기는 생김새도 이름도 낯설기만 해서 연주를 듣기도 전에 어려울 것 같은 느낌이 들기도 해요. 오케스트라도 이런 고충을 잘 알고 있답니다. 그래서 해설이 있는 음악회를 열기도 하고 대중음악을 클래식 악기로 편곡하는 등 관객과의 거리를 좁히려는 노력을 기울이고 있어요.

연주 단체들이 다양한 시도를 하고 있긴 하지만 아이와 함께 공연장을 찾기 전에는 걱정이 앞서는 게 사실이에요. 큰맘 먹고 시간과 돈을 들여 연주회를 보러 갔다가 칭얼대는 아이 때문에 공연 중간에 뛰쳐나오는 불상사가 생기는 건 아닌지, 꾸벅꾸벅 졸다가 박수 소리에 깜짝 놀라 이럴 거면 방을 잡을 걸 후회하는 건 아닌지…. 클래식 공연이 많이 대중화되었어도 여전히 어렵게 느껴진다는 분들도 많이 계실 거예요. 그런 분들을 위해 이 기사를 준비했습니다.

오케스트라 공연 관람 전 필독! 악기만 알고 가도 반은 성공! 게다가 그림책으로 재밌고 유익하게! 어른과 아이 모두가 즐겁게 볼 수 있는 그림책을 통해 쉽고 친절하게 클래식 음악 감상의 문을 열어 드릴게요.

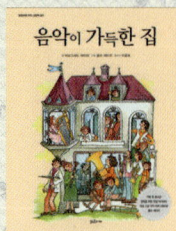

어서 오세요! 여기는 음악이 가득한 집입니다.
《음악이 가득한 집》은 오케스트라를 구성하는 악기 연주자들이
한 집으로 이사를 오면서 벌어지는 소동을 다룬 그림책이에요.
이 책을 읽고 나면 여러분은 자연스럽게 악기의 생김새와
악기군의 분류 방법, 지휘자의 역할을 배울 수 있어요.
그럼 지금부터 '음악이 가득한 집'을 방문해 볼까요?

〈음악이 가득한 집〉

"머릿속이 온통 음악으로 가득한 남자는 시끄러운 도시를 떠나 조용한 동네의
커다란 집으로 이사를 했어요. 혼자 살기에는 집이 너무 큰 거 같다고요?
걱정 마세요. 곧 많은 사람들이 이 집을 찾아 올 거예요."

"우리는 현악기를 연주하는 가족이에요."
아빠는 콘트라베이스, 엄마는 첼로, 그리고 두 딸은 바이올린과 비올라를 연주하는 현악기 가족이 가장 먼저 남자의 집을 찾아왔어요. 현악기는 현(絃), 즉 줄을 이용해 소리를 내는 악기예요. 바이올린, 비올라, 첼로, 콘트라베이스 순서로 악기의 크기가 커진답니다.
딸이 연주하는 바이올린은 가장 대표적인 현악기로 오케스트라의 악장 역시 바이올린 연주자가 맡아요. 높은 음역의 소리가 납니다. 비올라는 바이올린보다 조금 더 커요. 악기가 커질수록 울림통이 커지고 줄도 길고 굵어지면서 더 낮은 소리를 낼 수 있어요. 바이올린이 소프라노라면 비올라는 알토의 역할을 담당하죠. 엄마와 아빠가 연주하는 첼로와 콘트라베이스는 악기의 머리를 바닥에 두고 연주해요. 첼로는 앉아서 연주하고, 콘트라베이스는 서서 연주한답니다. 앉아서 연주하기엔 악기가 너무 크거든요. 두 악기 모두 바이올린과 비올라보다 낮은 소리가 나요. 아빠가 연주하는 콘트라베이스는 현악기 중 가장 낮은 음을 내는 악기로, 더블베이스라고도 해요. 첼로보다 한 옥타브 낮은 소리가 나기 때문이에요. 작가는 키가 제일 크고 목소리가 낮은 콘트라베이스와 아빠가 닮았다고 생각하나 봐요. 하지만 여성 콘트라베이스 연주자도 많이 있어요. 악기가 크다고 몸집이 큰 사람만 연주할 수 있는 건 아니랍니다.

《음악이 가득한 집》 마르그레트 레티히 글, 롤프 레티히 그림, 이용숙 옮김, 밝은미래

콘트라베이스

〈음악이 가득한 집〉

하프

호른

독일에 있는 라이프치히 게반트하우스(Leipzig Gewandhaus)는 세계 최초로 오케스트라 공연을 위해 지어진 콘서트홀이에요. 게반트(gewand)는 '의복, 옷감', 하우스(haus)는 '집, 건물'을 뜻해요. 1781년, 직물 상인들의 거래소로 사용되던 장소가 콘서트홀로 탈바꿈하면서 직물 회관이란 명칭이 오케스트라 공연장 이름으로 쓰이게 되었답니다. 물론 이전에도 궁정이나 교회에서 음악회가 열렸지만, 오직 음악회를 위한 독립적인 건물로 지어진 건 라이프치히 게반트하우스가 처음이었어요. 그야말로 '음악의 집'이 탄생한 것이죠.

실로폰

"우리는 목관악기 연주자들이에요."

다음날엔 목관악기 가족이 찾아왔네요. 목관악기는 관(管)을 통해 공기를 불어 넣어 소리를 내는 나무 악기예요. 엄마가 연주하는 클라리넷은 음역이 넓어 부드러운 저음부터 강한 고음까지 표현할 수 있어요. 아빠가 연주하는 오보에는 오케스트라 전체 조율을 할 때 기준음이 되는 악기예요. 오보에의 소리에 모든 오케스트라가 음정을 맞춰요.

변화무쌍한 음역의 엄마와 기준이 되는 아빠 사이의 아들은 높은 소리를 내는 플루트를 부네요. 플루트는 지금은 주로 금속으로 제작하지만, 예전에는 나무로 만들던 목관악기 가족이랍니다. 할아버지가 느긋하게 부는 바순은 낮은 음역의 깊고 따뜻한 음색을 들려줍니다. 음악 교과서에 자주 등장하는 프로코피예프의 음악 동화 〈피터와 늑대〉에서 피터의 할아버지를 표현하는 악기도 바순이지요. 독일에서는 바순을 파곳이라고 불러요. 즉, 바순과 파곳은 같은 악기랍니다.

"길게 이야기할 필요가 없어요. 할 이야기가 있으면 음악으로 하니까요."

금관악기 가족은 엄마와 아들 셋입니다. 금속으로 만들어진 관을 통해 소리를 만드는 금관악기는 손가락으로 구멍을 막아 소리를 내는 목관악기와 달리 밸브 또는 슬라이드로 관의 길이를 조절하여 음정을 변화시켜요. 엄마가 연주하는 크고 뚱뚱한 튜바는 금관악기 중 가장 낮은 음역을 담당해요. 세 아들이 연주하는 악기들도 살펴볼까요? 호른은 둥글게 말린 관이 돋보이는 악기예요. 긴 관 덕에 음역이 넓어요. 처음 악기가 탄생할 때 동물 뿔(horn)로 만들어져서 금속으로 만드는 지금도 호른이라고 부른답니다. 트럼펫은 작은 나팔, 트롬본은 큰 나팔이란 뜻이에요. 트럼펫이 높고 강한 소리로 멜로디를 주로 담당하고 트롬본은 슬라이드를 사용해서 미끄러지는 음을 표현할 수 있어요.

"우리는 온 세상을 두드리고 다녀요!"

타악기는 때리거나 두드려서 소리를 내는 모든 악기를 말해요. 북, 팀파니처럼 음정이 제한적인 악기는 물론이고 실로폰, 비브라폰처럼 채를 쳐서 멜로디를 연주할 수 있는 악기도 타악기랍니다. 심지어 피아노도 손가락으로 두드려 소리내기 때문에 타악기로 분류할 수 있어요.

팀파니

"함께 연주하지 않겠어요?"

아무리 좋은 연주라도 모든 악기가 제각각 자기 소리만 내면 그건 음악이 아니라 소음일 뿐이죠. 아름다운 음악을 완성하려면 악기의 소리를 조화롭게 모을 수 있는 지휘자가 필요해요. 머릿속이 온통 음악으로 가득했던 남자는 자신의 집에 모인 모든 악기가 하나의 음악을 만들 수 있도록 지휘를 했어요. 그리고 마침내 그 집은 듣기 좋은 음악으로 가득하게 되었답니다.

이 글을 읽고 있는 여러분의 머릿속에서도 악기들이 연주하는 소리가 들리나요? 이제 그림책에서 만난 악기를 공연장에서 만날 차례예요!

1 실전편

《음악이 가득한 집》에서 만난 악기들, 오케스트라 공연장에서 찾아보기

러시아 작곡가 프로코피예프가 아이들을 위해 대본까지 직접 쓴 음악 동화 〈피터와 늑대〉는 각각의 악기와 멜로디로 등장인물을 표현하고 있어 다양한 악기의 특색을 느낄 수 있어요. 주인공 피터를 맡은 악기는 무엇일까요? 큐알 코드를 통해 〈피터와 늑대〉를 감상하며 등장 인물과 악기가 잘 어울리는지 살펴보세요!

피터	바이올린, 비올라, 첼로, 콘트라베이스		
고양이	클라리넷	늑대	호른
오리	오보에	사냥꾼(등장)	트럼펫, 트롬본
새	플루트	사냥꾼의 총소리	팀파니, 큰북
할아버지	바순		

오케스트라 배치도
팀파니
트롬본
타악기
호른
튜바
하프
클라리넷
바순
트럼펫
플루트
오보에
제2바이올린
콘트라베이스
비올라
첼로
제1바이올린
지휘자

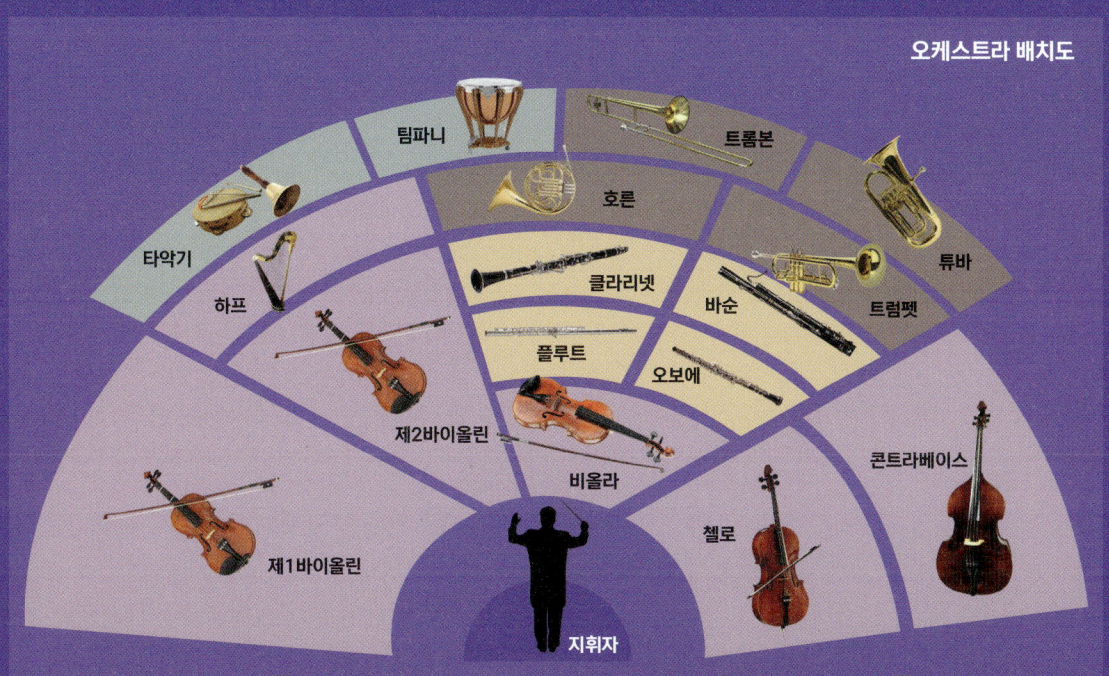

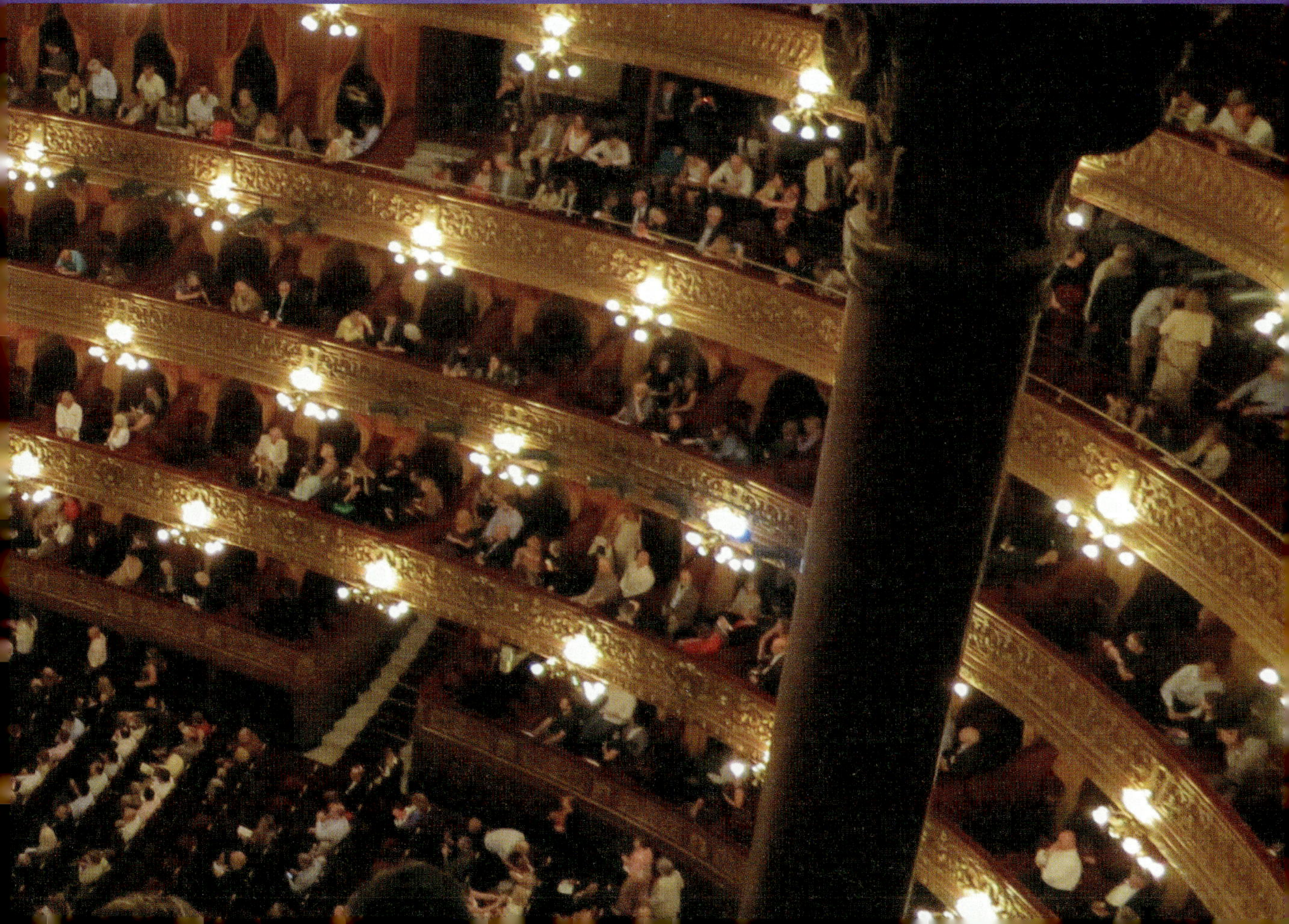

2 실전편
지휘자와 함께 오케스트라 즐기기

《음악이 가득한 집》에서 우린 오케스트라의 수많은 악기들이 하나의 아름다운 음악을 연주하도록 돕는 지휘자가 꼭 필요하단 사실을 알게 되었어요. 지휘자는 악기들을 연주하게도 멈추게도 만드는 마법사 같은 인물이에요. 예전엔 카리스마 가득한 모습으로 오케스트라와 청중을 압도하는 권위적인 지휘자가 많았어요. 눈을 감고 살짝 찡그린 채 심각한 표정으로 지휘봉을 들고 있는 모습이 지휘자의 전형처럼 여겨졌죠. 하지만 지금은 많이 달라졌어요. 단원과 격식 없이 소통하고 관객에게 더욱 다가가기 위해 음악에 맞춰 춤을 추는 지휘자도 생겼죠. 최근에는 지휘자의 모습이 알라딘의 지니를 닮았다며 지휘자의 모습만 따로 담긴 영상이 화제가 되기도 했어요.

 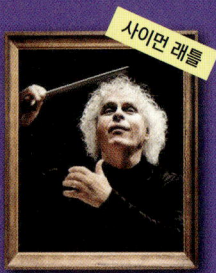

사이먼 래틀

《오케스트라가 궁금해》
메리 올드 글, 엘리사 파가넬리 그림, 이주현 옮김, 키위북스
런던 심포니 오케스트라의 명예 지휘자인 사이먼 래틀이 주인공으로 나오는 그림책 《오케스트라가 궁금해》는 지휘자의 일상, 그리고 오디션을 통해 뽑힌 단원들의 연습하는 과정부터 실제 콘서트 순간까지 오케스트라에 관한 모든 것을 알차게 담아냈어요. 런던 심포니 오케스트라의 멋진 연주가 큐알 코드로 담겨 있어 그림과 함께 감상할 수 있답니다.

클라우디오 아바도

《음악의 집》 클라우디오 아바도 글, 파올로 카르도니 그림, 이기철 옮김, 풍월당
조금 더 깊이 있게 오케스트라와 지휘자에 대해 알고 싶다면 세계적인 지휘자 클라우디오 아바도가 청소년을 위해 직접 쓴 책 《음악의 집》을 추천해요. 글과 그림이 많고 악기 설명이 자세하며 곡에 대한 설명도 잘 되어 있어요. 초등 중고학년부터 성인까지 함께 볼 수 있어요.

그림책으로 오케스트라의 악기를 접하고 그림책 속 인물들과 음악회를 다녀오는 장면을 미리 읽은 아이는 자신이 공연장에 가 있는 모습을 상상하며 기대하는 마음으로 공연을 공연을 기다릴 거예요. 최근엔 정통 클래식 작품 외에도 디즈니와 지브리 등의 애니메이션 OST를 오케스트라로 편곡하여 들을 수 있는 공연도 많이 있어요. 서울 페스타 필하모닉 오케스트라 백윤학 지휘자의 공연을 추천해요. 지휘자의 흥에 연주하는 오케스트라도 지켜보는 관객도 덩달아 즐거워진답니다. 지휘자의 앞모습을 보고 싶다면 합창석을 예매해 보세요. 색다른 경험을 할 수 있을 거예요.

〈오케스트라가 궁금해〉

어린이를 위한 오케스트라 그림책

《어린이가 알아야 할 오케스트라 사운드북》
샘 태플린 글, 션 롱크로프트 그림, 어스본코리아 | Copyright © 2018 Usborne Publishing Limited.
오케스트라를 구성하는 열두 가지 악기의 소리를 버튼을 눌러 직접 들어 볼 수 있어요. 음질은 아쉽지만 영유아에게 오케스트라를 손쉽게 소개할 수 있다는 커다란 장점이 있어요.

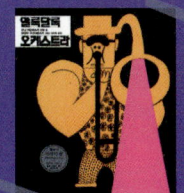

《알록달록 오케스트라》
안나 체르빈스카 리델 글, 마르타 이그네르스카 그림, 이지원 옮김, 비룡소
오케스트라를 구성하는 악기의 특징을 유머러스한 글과 형광색의 화려한 색감으로 담은 매력적인 그림책이에요. 그림이 들리는 것 같은 청각적인 그림책이라 글 없이 그림만 봐도 좋아요.

《나의 첫 오케스트라》
사도 유타카 글, 하나 고시로 그림, 김숙 옮김, 북뱅크
오케스트라 지휘자 아빠를 둔 미미가 처음으로 오케스트라 연주회에 가는 설렘을 담았어요. 베토벤 9번 교향곡 〈합창〉을 감상하는 미미가 느끼는 소리를 시각적으로 아름답게 표현했어요. 아이와 첫 공연을 보러 가기 전에 함께 읽어 보세요.

어린이 미술관

신나는 우리 집을 상상해요

마침내 집이 완성되었어요!
동물들은 모두 춤을 추며 기뻐했어요.

《난쟁이 할아버지의 집짓기》 아오야마 쿠니히코 글·그림, 이경민 옮김, 사파리

〈산타를 환영하는 굴뚝집〉 박성빈(초1)

〈달빛 아래 연꽃집〉 천은세(초3)

〈무지개 나무집〉 송윤오(만6세)

《우리집》 카슨 엘리스 글·그림, 이순영 옮김, 북극곰

《이안의 멋진 집》

《이안의 멋진 집》
신아미, 박준엽 부부 작가 인터뷰

상상하기를 좋아하는 건축가 이안이 정원사, 과학자, 예술가 세 친구들을 위해 집을 짓는다.
서로 자기 집이 멋지다고 생각하는 세 친구들을 위해 과연 이안은 어떤 집을 지을까?

글 작가 남편과 그림 작가 아내의 만남이라니! 《이안의 멋진 집》은 어떻게 시작되었나요?
아미 / 저는 이 책의 이미지를 그리기 전부터 인테리어와 건축에 큰 관심이 있었어요. 영국 Thames&Hudson사의 〈Mice in the City〉(도시 쥐) 시리즈를 작업할 때 자료 조사를 위해 디자인이 멋있고 현대적인 건물을 자주 방문했는데 그 영향이 큰 것 같아요. 그때 가구나 인테리어 전시장도 자주 갔었어요.
사실 오래전부터 카페에 앉아 취미로 집 그림을 그리는 것을 좋아했어요. 그러던 어느 날, 남편에게 제가 그린 집 그림을 사용해서 이야기를 만들 수 없을까 하고 물었어요. 남편은 고민하지 않고 금방 한 주인공이 세 가지 다른 직업을 가진 친구들을 위해 집을 지어주는 이야기를 만들어냈죠. 그 이야기는 저에게 정말 흥미로웠어요. 직접 현실에서 집을 짓지 못하는 저는 주인공이 대신 그 역할을 해주고, 저와는 전혀 다른 성격의 세 친구들이 이야기 속에 등장하니 더 즐거웠던 것 같아요.

어릴 적, 두 분이 꿈꾸던 상상 속의 집은 어떤 모습이었나요?
준엽 / 어릴 적에 제가 살았던 집이 참 특별했어요. 넓은 잔디밭이 있어서 발렌티노가 꿈꾸는 집과 비슷하죠. 집은 작았지만, 마당이 있어 작은 마당에 텐트를 치고 놀며 소중한 기억을 많이 만들었던 것 같아요.
아미 / 제가 꿈꾸던 집은 과학자 마틴의 집처럼 독특한 집이었어요. 동그라미, 세모, 네모, 육각형 모양의 공간에서 편안하게 자고, 공상도 하고, 그림도 그리고, 쉴 수 있는 그런 집이었죠. 달팽이 집처럼 빙글빙글 재미있는 모양이면서도 장소도 쉽게 옮길 수 있는 그런 집을 상상했어요.

아미 작가님의 그림은 다채로운 색감과 와글와글 재미있는 요소가 가득한데요. 이런 스타일에 영감을 준 책이나 그림이 있을까요?
아미 / 저는 인테리어 소품 책을 아주 좋아해요. 책을 보면서 이건 어떻게 변형해 볼까 저건 어떻게 바꿔볼까 하는 다양한 생각들이 떠올랐지요. 그렇게 변형된 물건들이 아이뿐만 아니라 어른에게도 재미를 줄 수 있을지 상상도 해보았어요. 그렇게 새로운 아이디어로 가득한 물건들을 만들어 보는 것이 흥미로웠어요.
또 각 도시를 여행할 때마다, 멋진 건축물들을 찾아가 보기도 하고, 예쁘고 복잡한 무늬로 그려진 기념품에도 눈길이 가요. 그 기념품들은 그 도시의 독특한 매력을 담고 있어서 항상 하나씩 사 오곤 하지요.

여행을 다니며, 영감을 받았다고 하셨는데, 특히 어떤 건축물이 기억에 남나요?
아미 / 스페인 바르셀로나에 갔을 때, 안토니오 가우디의 건축물들을 방문했던 기억이 나요. 가우디의 건축물을 들여다보면, 마치 식물적이거나 자연적인 요소가 가득한 것처럼 신비로운 생각이 들기도 해요. 가우디의 작품은 저에게 평면적인 무늬와 패턴으로 보이기도 하죠.
스페인 남부 지방, 특히 세비야나 그라나다에서 만날 수 있는 아랍식 건축물도 정말 매력적이에요. 그리고 포르투갈의 고전적인 포르토 건축물도 멋있었어요. 스페인 특유의 강렬한 색감도 제 마음을 사로잡았지요.

《이안의 멋진 집》을 통해 독자에게 전하고 싶었던 메시지는 무엇인가요? 이 외에도 꼭꼭 숨겨둔 요소나, 독자들이 꼭 놓치지 않고 봐야 할 것도 알려주세요.
준엽 / 집으로 이야기를 풀었지만, 아이들이 친구들과 여러 가지로 의견이 다를 수 있다는 이야기를 하고 싶었습니다. 다른 의견을 나누고 조율하고 조화롭게 정리하는 방법에 대해서도 전하고 싶었어요.
아미 / 저는 그림으로서 아이들에게 숨은그림찾기를 하면서 각각 집의 재미난 부분을 자세히 살펴보게 하고 싶었어요. 복잡한 그림은 그냥 보이지 않기 때문에 볼 수 있는 뭔가 신기한 물건을 숨겨놓았는데 그 물건을 아이들이 굉장히 좋아했던 기억이 납니다. 어떤 아이는 그 물건의 이름이 재미있어서 단번에 외워버리기도 했어요. 물건 하나에 본인만의 엉뚱한 유머를 담아보는 것은 언제나 즐거운 일이에요.

작가에게 영감을 준 안토니오 가우디의 작품

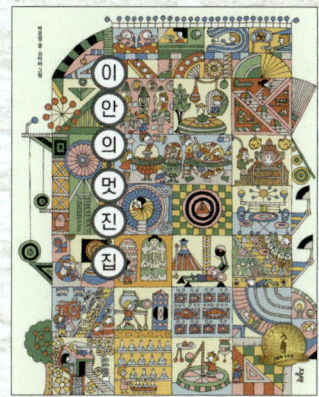

《이안의 멋진 집》
박준엽 글, 신아미 그림, 오늘책

《이안의 멋진 집》에 등장하는 집 중 두 분이 실제 살고 싶은 집은 어떤 집인가요?

준엽 / 상상 속의 집에서도 이야기했지만 발렌티노의 집이에요.

아미 / 전 과학자를 위해 지은 집에 살고 싶어요. 과학과 연결해서 무언가 새롭고 엉뚱한 것을 만들어보고 싶은 생각도 들었거든요. 실제로 저는 아이들과 함께 그림 관련된 전시회보다 과학관을 더 많이 가는 것 같아요. 저희 아이들도 아직 어려서 그런지 그림보다는 과학관에서 몸으로 체험하는 놀이를 더 즐겨하는 것 같고요. 그리고 과학관에 가면 엉뚱한 실험에 대해 많은 재미있는 상상을 해볼 수 있다고 해야 할까요? 아이들과 이런 신기한 과학관 여행도 저에게는 가끔 엉뚱한 이미지를 그리는 아이디어의 원천이 되기도 합니다. 그리고 제가 많이 접해보지 못한 과학 분야라서 그런지 신비하고 더 매력적으로 느껴지더라고요.

**이 책을 재미있게 보는 방법이 있을까요?
공학도, 그림 작가의 관점에서 알려주세요.**

준엽 / 실제로 집을 구상하고 문제가 없도록 집을 짓는다는 건 쉽지 않고 고민이 많은 작업일 것 같습니다. 하지만 실제로 책 속의 이안은 어렵지 않게 잘 해내고 있죠. 현실과는 조금은 다른 이야기의 속도가 저 나름의 또 다른 재미였던 것 같습니다.

아미 / 각 집의 작은 공간이 얼마나 되는지, 그리고 실제로 그 공간에 들어가면 얼마나 작을지 생각하기 전에, 그리고 그 공간이 내 키 높이와 같은지 아닌지를 말하기 전에, 그 집의 이미지들을 하나의 놀이터로 바라보는 것이 가장 재미있는 것 같아요. 이렇게 생각하면 독자분들이 신나게 이미지들을 즐기실 수 있을 것 같아요.

부모로서 두 아이와 《이안의 멋진 집》을 볼 때 어떻게 읽어 주시나요?

준엽 / 글을 읽으면서 아이들에게 여러 가지 질문을 하고 의견을 물어보곤 하지만 아이들은 언제나 숨은그림찾기부터 하지요.

아미 / 책을 읽기 전에 다양한 질문을 하는 편이에요. 예를 들어, 과학자, 예술가, 정원사 중 어떤 사람의 집이 가장 마음에 들지 질문하며 대화를 시작할 수 있답니다. 실제로 이 질문을 샤르자 어린이 독서 축제에서 시도해 보고 왜 좋아하는지 그 이유도 물어봤었는데 아이들의 반응이 꽤 좋았습니다.

마지막 질문입니다. 두 분이 지금 꿈꾸는 집 혹은 아이들에게 선물하고 싶은 집은 어떤 모습인가요?

준엽 / 집으로 돌아왔을 때 마음이 편안해지는 집이 좋을 것 같습니다. 마음이 편안해지는 집은 집이 주는 기능적 편안함보다는 감정적인 편안함에 좀 더 초점이 맞춰지겠죠. 개인적으로 저에게 집은 장소보다는 같이 있는 사람들, 가정에 가까운 것 같습니다. 물론 좁은 집보다는 넓은 집이 좋겠습니다만, 사랑하는 사람들과 함께라면 조금 좁아도 괜찮지 않을까요.

아미 / 아이들이 어른이 되어서도 기억에 남을 자유로운 곡선이 들어간 현대적인 집을 선물하고 싶어요. 이 집은 단순한 거주 공간을 넘어 아이들이 꿈꾸고 창의력을 발휘할 수 있는 특별한 장소가 될 것 같아요. 그리고 아이들이 스스로 꾸밀 수 있도록 몇몇 공간은 백색으로 꾸며주고 싶기도 하고요. 조립하는 것을 좋아하는 첫째 아이에게는 벽 한쪽에 공구 세트와 만들기 도구나 미술 키트가 가득한 방을 마련해 주고 싶어요. 자동차를 좋아하는 둘째 아이에게는 자동차 모양의 재미난 인테리어로 방을 꾸며주고 싶습니다. 저희 아이들은 물건을 모으고 간직하는 것을 좋아해요. 그래서 집안 곳곳에 숨겨진 공간을 재미있게 많이 만들어 놓을 거예요.

샤르자 어린이 독서 축제
신아미 작가가 진행한 워크샵으로 우리나라 칠교에 대해 설명하고
패턴 조각과 검은 선으로 자신만의 공간을 자유롭게 표현하는 모습

글을 쓴 박준엽은 대구에서 태어나 공학을 공부하고 설계를 하는 회사원으로 근무하고 있습니다. **그림을 그린 신아미**는 울산에서 태어나 영국 캠브리지 스쿨오브아트에서 일러스트레이션을 공부했습니다. 펴낸 책으로는 《생쥐 스탠리를 찾아라!》, 《도시에 간 생쥐(런던)》, 《도시에 간 생쥐(뉴욕)》, 《이안의 특별한 모험》 등이 있습니다. 《이안의 멋진 집》은 공학도 남편이 글을 쓰고 예술가 아내가 그림을 그린 콜래버 작품으로, 제29회 눈높이 아동문학상 그림책 우수상 수상작입니다. 또한 《이안의 멋진 집》은 2023년 가장 우수한 100명의 신인 작가 작품에 주어지는 상인 THE BRAW AMAZING BOOKSHELF로 선정되었습니다.

어린이 미술관

특별한 우리 집을 상상해요

커다란 책장에서
책을 한 권씩 꺼내 읽으면
어디든 떠날 수 있는 집.

《나무 위의 집 사용 설명서》 카터 히긴스 글, 에밀리 휴즈 그림, 홍연미 옮김, 달리

〈내가 벌레처럼 작아져서 꽃 속에 집을 지어 살아요〉 조은진(만5세)

〈전자 기기 따로 일반 따로 하우스〉 박건후(초2)

〈악어집〉 황서연(초4)

〈축구공 하우스〉 김도현(초2)

그림책이 만난 건축가

안도 다다오
훈데르트바서
안토니오 가우디

글·사진_이시내

Friedensreich Hundertwasser

Ando Tadao

건축은 무엇일까요? 하루 종일 건물 안에서 공부하고 일하고 잠을 자도 질문에 답은 쉽게 나오지 않습니다. 보통 건축을 '집 짓는 일'이라고 합니다. 우리는 날마다 집에 머물지만, 이 집을 누가 왜 지었는지 상상해 본 적은 있나요? 내가 상상한 대로 만든 집에서 살 수 있다면 어떨까요? 대부분 집은 사람이 쓰기 편리하게 만들지만, 어떤 집은 특별한 꿈과 상상력으로 만들기도 합니다. 그런 상상을 현실로 만드는 사람이 바로 '건축가'입니다.

세상에는 정말 놀랍고 신기한 건축물들이 많아요. 그중에는 전통적인 방법을 넘어서 자기만의 독특한 세계를 만들어낸 건축가도 있습니다. 유명한 그림을 보고 "고흐 그림이다!" "모나리자야."라고 알아차리는 사람은 많지만, 그림보다 더 자주 보고 살고 있는 건축물 이름과 건축가를 알고 있는 사람은 얼마나 있을까요? 조금만 관심을 기울이면 둘레에서도 쉽게 만날 수 있어요. 먼저 그림책을 읽고 건축가랑 친해져 봅시다. '건축가는 이런 마음을 가졌구나. 이렇게 집을 써주길 바랐구나.' 건축가의 마음을 알게 되면 호기심을 갖고 길을 걸어보세요. 건축물에서 재미있는 모양이나 색을 보면, 그냥 지나치지 말아요. '이 건물은 왜 구멍을 뚫었을까?' '밖에서 보이지 말라고 문을 반대로 달았구나!' 건축가의 특별한 시선을 찾아보세요. 건축가와 그들의 작품을 알게 되면, 일상에서도 멋지고 신기한 세상을 발견할 수 있을 거예요.

이번 기사에서는 그림책을 읽으며 만날 수 있는 세계적인 건축가 3인. 안도 다다오, 훈데르트바서, 안토니오 가우디를 소개합니다.

Antonio Gaudi

안도 다다오를 만나러 '뮤지엄산'으로

안도 다다오는 유명한 일본인 건축가예요. 학교에서 건축을 배우지 않고 혼자 책을 보고, 여행을 다니며 스스로 공부한 건축가랍니다. 자연을 지키는 일에 관심이 많은 건축가라 지역과 가장 잘 어울리는 건축물을 고심해요. 특히 물과 빛을 좋아해 창문이나 틈새로 들어오는 햇빛과 물에 비치는 반영을 건축물에 잘 담아내고 있어요. 하루 종일 시간에 따라 달라지는 빛의 느낌을 건물 안에 담은 건축가 덕분에 많은 사람이 아침, 점심, 늦은 오후에 같은 장소에 가서 다른 분위기를 경험한다고 해요. 안도 다다오는 젊은 시절에는 권투 선수였대요. 실제 링 위에서 권투했던 프로 선수라 그가 지은 건축물도 단단한 반듯함이 느껴집니다. 노출 콘크리트로 지은 건물 안에 들어가면 차분해지는 마음도 들어요. 그래서 안도 다다오가 지은 건물에는 조용히 생각할 수 있는 공간도 많습니다.

겉에서는 단순해 보이지만 안으로 들어가면 구불구불 돌면서 모든 공간을 살펴보게 하는 재미난 장치도 많아요. 어떤 곳은 너무 좁아 어린이가 아니면 들어가기 힘들고, 물에 비친 건물 그림자가 합쳐져서 아름다운 풍경을 만들어내는 곳도 있어요. 막다른 벽에 놀라기도, 갑자기 나타나는 조형물에 깜짝 놀라기도 해요. 이렇게 상상만 해도 재미난 곳을 직접 갈 수 있다면 어떨까요? 안도 다다오가 지은 '뮤지엄산'으로 같이 떠나 봐요.

뮤지엄산은 높은 산 위에 있어 나무, 바람, 하늘을 느끼며 자연에서 미술을 느낄 수 있어요. 건물과 자연이 하나가 된 듯이 어우러지는 미술관이랍니다. Space, Art, Nature(공간, 예술, 자연)의 줄임말 SAN이 되었답니다.

반원으로 감싸진 주차장에 들어간 순간부터 미술관에 입장한 기분이 들어요. 웰컴센터에서 표를 사고 아트샵을 나오면 안도 다다오가 설계한 커다란 3M 높이의 푸른 사과 조형물 '청춘의 사과'가 나옵니다. 안도 다다오가 한국에서 열었던 개인전 '청춘' 전시를 위해 설치했어요. 안도 다다오는 청춘이 인생에서 한 시기를 말하는 게 아니라 마음가짐이라고 생각합니다. 그래서 살아있는 동안은 모두 청춘이라는 그의 철학이 담겨있는 조형물이랍니다. 우리나라에서는 뮤지엄산과 제주도에 있는 본태박물관에서 같은 조형물을 만날 수 있어요. 마치 안도 다다오의 사인처럼 말이죠. 안도 다다오의 고향 일본에도 '청춘'이 설치된 건축물이 있어요. 특히 오사카에 있는 어린이책의 숲 도서관(코도모 혼노모리)에 설치된 푸른 사과를 기억해 주세요. 왜냐고요? 우리가 뮤지엄산에 들고 갈 그림책 배경이 바로 이 도서관이기 때문이죠.

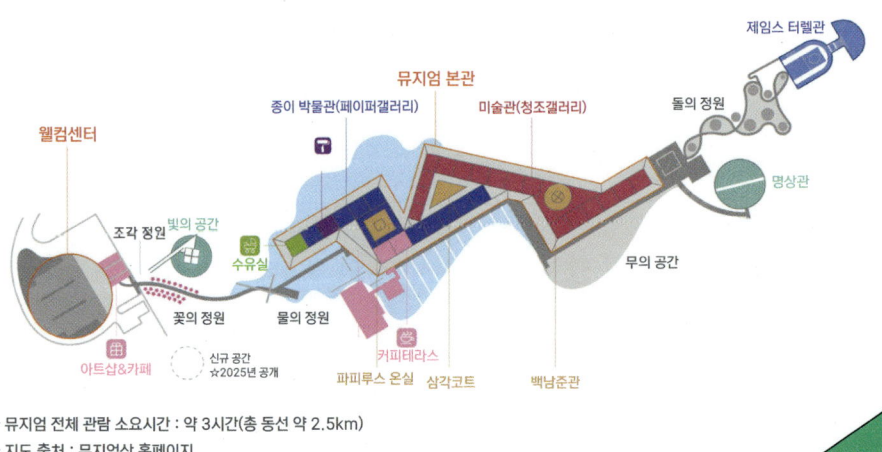

* 뮤지엄 전체 관람 소요시간 : 약 3시간(총 동선 약 2.5km)
* 지도 출처 : 뮤지엄산 홈페이지

◉ 위치: 강원 원주시 지정면 오크밸리2길 260 뮤지엄산

《장난꾸러기 건축가 안도 다다오》
안도 다다오 글, 하타 고시로 그림,
이규원 옮김, 주니어김영사

《장난꾸러기 건축가 안도 다다오》는 안도 다다오가 직접 글을 쓴 그림책입니다. 면지에는 그가 직접 스케치한 건물 그림도 있죠. 안도 다다오는 오사카 어린이 도서관에 방문한 남매에게 자신이 설계한 건축물의 특징을 설명하며, 독자들을 자연스럽게 자신의 건축 세계로 이끕니다. 그의 설명을 따라가다 보면, 건축가의 역할은 물론 하나의 건축물이 완성되기까지 얼마나 많은 사람들의 노력이 담기는지 이해할 수 있습니다. 또한 일상에서 무심코 지나쳤던 건축물 속에 숨겨진 다양한 이야기들을 새롭게 발견하는 기회를 제공합니다. 그림책에서 소개하는 안도 다다오의 건축 특징은 실제로 뮤지엄산 곳곳에서도 확인할 수 있어, 방문 전에 이 책을 먼저 읽어보길 추천합니다.

먼저 책 표지에 등장하는 커다란 사과를 뮤지엄산에서 발견해 볼까요? '청춘' 앞에서 그림책 속 아이들처럼 인증샷을 남겨요. '청춘'에서 이어진 오솔길을 따라 플라워가든, 조각 정원, 빛의 공간, 워터가든, 뮤지엄 본관, 명상관, 스톤가든, 제임스 터렐관까지 갈 수 있습니다.

조각 정원 끝에 있는 빛의 공간에서는 고개를 들면 십자가 모양으로 뚫린 하늘을 볼 수 있어요. 비가 온 다음 날에는 십자가 모양으로 젖은 바닥이 무척 인상 깊어요.

자작나무가 반짝이는 길을 따라 내려가면 뮤지엄 본관으로 이어지는 워터가든이 모습을 드러냅니다. 노출 콘크리트와 흐르는 물이 아름답게 어우러지며, 길 끝에 무엇이 기다리고 있을지 궁금증을 자아냅니다. 벽을 도는 순간 멀리서 보이던 알렉산더 리버만의 빨간색 아치웨이가 압도적인 크기로 등장합니다. 뮤지엄산에 방문하는 사람들에게 멋진 사진을 남겨주는 입구랍니다.

뮤지엄 본관은 네 개의 건물이 삼각, 사각, 원형의 공간으로 이어집니다. 원주 산 위에 있는 미술관을 이런 모양으로 연결한 건 하늘, 땅, 산과 사람을 하나로 이어주려는 건축가의 뜻이라고 해요.
건물 안에서 보이지는 않지만, 우리도 직접 삼각, 사각, 원형 모양을 볼 수 있답니다. 삼각형은 삼각 코트, 사각형은 파피루스 정원, 원형은 백남준관에서 고개를 들면 만날 수 있어요. 건물 안에 있어 위에서는 볼 수 없지만 하늘을 바라보며 우리가 어떤 공간에 있는지 확인할 수 있습니다. 삼각 코트에는 편히 앉아서 볼 수 있게 방석도 준비되어 있답니다.
뮤지엄 본관에는 종이 박물관과 시기마다 달라지는 소장품 전시, 아트샵, 판화 공방, 멋진 카페 등 다양한 공간이 있으니 맘껏 즐겨보세요!

기운이 난다면 신라 고분을 주제로 만든 스톤 가든과 명상관, 제임스 터렐의 대표 작품을 볼 수 있는 제임스 터렐관까지 추천합니다. 빛과 물을 담아냈던 안도 다다오가 지은 미술관과 어우러지는 빛과 공간의 예술가 제임스 터렐관은 고요한 명상과 끝없는 영감을 준다고 해요.
뮤지엄산 뿐만 아니라 제주의 본태박물관, 글라스하우스, 서울의 LG아트센터, JCC아트센터 등도 안도 다다오의 건축물입니다. 이번 주말에는 미술관에 그림을 보러 가듯 건축가의 건물을 감상하러 나들이를 가 보는 건 어떨까요? 화가 이름처럼 건축가 이름도 쉽게 다가오면 좋겠어요.

더 유명한 건축가 작품이 궁금하다고요? 우리나라에 작품은 없지만 세계적으로 유명한 건축가들도 많답니다. 그 가운데 정말 유명한 두 건축가에게 편지를 써달라고 부탁했어요. 두 건축가가 보낸 편지 같이 읽어볼까요?

《훈데르트바서의 집》

훈데르트바서의 편지

기분 좋은 날씨네. 안녕? 난 오늘 날씨처럼 아름다운 자연을 사랑하는 오스트리아 건축가 훈데르트바서야. 내가 지은 건축물이나 그림을 본 적 있니? 건물을 만들 때 자유롭고 색다른 방법을 생각하고 짓는 걸 좋아해서 처음 내 작품을 본 친구들은 깜짝 놀라곤 해.

난 열두 살 때 2차 세계 대전을 겪은 뒤 자연과 평화가 얼마나 소중한지 느꼈단다. 그래서 평생 자연을 보호하고 존중하려고 했고, 모든 작품과 그림에 그 마음을 담았어. 예술가로 살면서 다른 사람 눈에는 터무니없어 보여도 사람들의 마음을 즐겁게 하고 자유롭게 상상할 수 있다면 무엇이든 도전했지. 특히 '자연에는 자로 그은 듯한 직선은 존재하지 않는다'라고 생각했어. 자연에는 모두가 똑같은 거 하나 없이 각자 하나뿐인 다른 존재잖아. 직선은 사람이 만든 선이라 똑같게 그을 수 있지만 자연의 선은 그렇지 않아. 그래서 난 건물 모양이나 창문 장식, 바닥도 부드럽고 울퉁불퉁 둥글게 만들어 자연의 한 부분처럼 만들었어. 색깔도 아주 화려하고 밝단다.

내 작품에서 가장 유명한 건축물을 뽑으라면 '훈데르트바서 하우스'야. 독특한 색깔과 둥글게 흐르는 건물 모습에 벽은 여러 색으로 칠했어. 내 건물이 자연의 일부처럼 보이면 좋겠단 마음이었거든. 독일 마그데부르크에 지은 '그린 시타델'은 아예 집 옥상에 나무를 심었어. 사람이 집을 짓느라 자연의 공간을 썼으니 다시 자연을 위한 터전도 돌려주는 게 맞잖아. 사람만 공간이 필요한 게 아니라 모든 생명에게도 공간이 필요하니까 말이야. 사람들이 내 건축물에 살면서 자연과 가까워지고 자연의 소중함을 느끼며 지켜가길 원했어. 그래서 내 건물에 사는 사람들은 스스로 나무도 심고 돌보며 자연의 일부가 될 수 있지. 그렇게 세상을 사랑하고 삶을 축제처럼 살아가길 바라는 마음을 담았던 거야.

너도 삶을 사랑하며 자연과 생명을 소중히 여기는 마음을 잊지 마렴. 내 이야기가 더 궁금하다면 내가 추천하는 책도 읽어보고. 네가 있는 곳에도 건강한 자연이 함께 하길 바랄게.

훈데르트바서가.

훈데르트바서 작품과 생애가 잘 담긴 그림책

《훈데르트바서의 집》
제랄딘 엘슈너 글, 루시 반드벨드 그림, 서희준 옮김, 계수나무

똑같은 건물이 가득했던 도시에 살아 숨 쉬는 것 같은 건물이 나타난다면 어떨까요? 건물에 나무를 심고, 다른 크기와 모양의 창문, 구불구불한 벽과 바닥 등. 자연과 함께 어울리는 멋진 집을 만들었던 건축가 훈데르트바서. 왜 이런 건축이 필요한지 마음껏 상상하고 창의력을 발휘하는 일이 얼마나 자유로운지를 알려줍니다. 개성 넘치는 예술가 훈데르트바서의 세계를 만나보세요.

〈위대한 건축가 안토니오 가우디의 하루〉

안토니오 가우디의 편지

안녕? 나는 스페인에서 1852년에서 1926년도까지 살았던 건축가 안토니오 가우디야. 나는 건축은 단순히 집을 짓기보다 자연과 신에게 바치는 예술이라고 생각했어. 그래서 작품과 주변 환경이 어우러지는 모습에 관심이 많았고, 돌 하나, 타일 하나에도 자연에서 영감 받은 아름다움을 담으려고 했단다. 건물이 아름다운 것도 중요하지만 그 건물이 놓이는 곳과 그곳을 지나가는 사람들의 경험도 중요하니까 말이야.

내가 지은 건축물에서 가장 유명한 건 스페인 바르셀로나의 대성당 사그라다 파밀리아야. 들어본 적 있으면 좋겠다. 내가 1883년에 설계를 시작했는데 여전히 공사 중이란다. 이 성당에도 내 꿈을 듬뿍 담아서 설계했어. 나뭇가지가 하늘로 뻗어가는 모습을 닮은 기둥, 꽃과 열매, 나뭇잎, 옥수수 모양을 닮은 외벽과 종탑, 동서남북 모두 다른 빛이 쏟아지는 스테인드글라스와 달팽이 껍데기까지 네가 바르셀로나에 와서 실제로 성당을 본다면 깜짝 놀랄 거야. 내 설계를 따라 여러 건축가들이 계속해서 성당을 만들고 있는데, 2026년에 완공될 예정이야.

또 바다의 파도를 닮은 집 '카사 밀라', 건물 외벽에 파란색과 초록색의 타일을 붙여서 햇빛을 받으면 눈부신 숲에 들어온 것 같은 '카사 바트요', 꽃과 식물에서 영감을 받은 '카사 비센스', 독특한 총천연색 타일 장식과 곡선으로 이뤄진 벤치로 유명한 '구엘 공원'까지 바르셀로나엔 내가 지은 건축물이 가득해.

나는 내가 지은 건축물을 통해 사람들이 자연을 가까이에서 느끼고 소중함을 깨닫길 바랐단다. 나의 건축물이 더 궁금하다고? 당장 스페인에 오기는 힘들테니 내 이야기가 담긴 그림책을 읽어 보면 어때? 나와 내가 만든 건축물의 이야기가 너에게 새로운 생각을 선물하길 바라. 언제나 사랑이 함께하길 기도할게.

안토니오 가우디가.

가우디의 작품과 생애가 잘 담긴 그림책

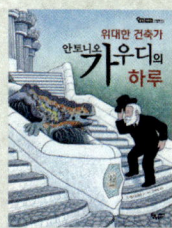

《위대한 건축가 안토니오 가우디의 하루》 포 에스트라다 글·그림, 김배경 옮김, 책속물고기

사그라다 파밀리아 성당으로 출근하는 가우디를 따라 그의 대표 건축물을 소개하는 그림책입니다. 가우디의 뛰어난 예술성과 건축물에 담고자 했던 정신, 그리고 그를 평생 지지했던 구엘 백작과의 인연까지 담겨있어요. 가우디의 삶과 철학을 이 한 권에 오롯이 담아냈다는 게 놀라워요!

《천재 건축가 가우디의 역작, 사그라다 파밀리아 성당》 박수현 글·그림, 국민서관

이 그림책은 가우디가 어떤 마음으로 성당을 설계했으며, 왜 평생을 그 건축에 바쳤는지를 차근차근 들려줍니다. 실제 성당을 관람하는 순서대로 곳곳에 표현한 자연의 형태와 빛과 소리를 담은 공간, 신실한 신앙인의 자세까지 가우디의 창의적인 아이디어가 생생하게 펼쳐집니다. 사그라다 파밀리아의 아름다움과 가우디의 철학을 깊이 느껴볼 수 있는 그림책입니다.

가우디할아버지에게
저는 1학년 김온유에요.
사그리다파밀리아성당멋
있어요! 저도사그리아파밀
리아저도꼭갈게요.
사그리아파밀리아꼭대기
에올빼미조각상맞아요?
저는새를좋아하거든요..
궁금해요. 그리고구엘공원도마뱀
그림은 제가 드리는
선물이에요
2025.5.17. 온유드림

구엘공원 도마뱀조각상

김온유(초1) 어린이의 글과 그림

가우디의 건축물을 만나러 바로셀로나에 가고 싶나요? 우선 그림책《보물 찾기 딱 좋은 곳, 바르셀로나》를 펼쳐 보는 건 어때요? 바르셀로나에서 태어나고 자란 작가가 도시 곳곳 아름다운 명소들을 소개한답니다. 그야말로 현지인 추천 아름다운 장소들이죠!

《보물 찾기 딱 좋은 곳, 바르셀로나》
미겔 팡 글·그림, 김여진 옮김, 후즈갓마이테일

박여원 번역가의 건축 그림책

건축 설계는 그냥 집을 예쁘게 지으면 되는거 아니에요?

《똑똑똑! 집 지으러 왔어요》
군타 슈납케 글, 안나 바이바레 그림,
박여원 옮김, 미래아이(미래M&B)

저는 《똑똑똑! 집 지으러 왔어요》 그림책을 번역했고, 건축을 공부하고 있는 학생이에요. 그림책 번역 제안이 왔을 때, 처음에는 당황했지만 원서를 읽자마자 느꼈어요. 이 그림책은 어린이의 눈높이에서 '집'이란 무엇인가 묻고, 건축의 언어로 대답하는 책이구나! 건축가는 무조건 예쁜 집을 그리는 게 아니라, '당신이 어떤 삶을 살고 싶은지'를 묻는 사람이고 지붕의 모양이나 방의 개수는 물론 그 안에서 어떤 시간이 흐를지를 함께 그려야 한다고 말하는 책이구나! 문장 뜻을 정확하게 옮기는 것만큼 삶이 어떻게 공간으로 번역되는지 생각하게 하는 책이란 점에서 이 책을 번역하는 것은 제게 낯설지만 설레는 도전이었답니다.

설계는 그냥 집을 예쁘게 그리면 된다고 생각하는 이네스가 건축가를 찾아옵니다. 멋진 집을 짓고 싶긴 한데 구체적으로 생각한 건 없어요. 건축가는 이네스에게 질문합니다. "창밖에 어떤 풍경이 보이면 좋을까요? 누구랑 살 건가요? 취미는요? 염소도 키우나요?" 질문이 끝도 없어요. 이네스는 살짝 당황하지만, 건축가는 단호하답니다. 좋은 집을 짓기 위해선, 먼저 그 집에서 살아갈 사람을 알아야 하거든요. 그 집에 어떤 삶이 펼쳐질지를 알아야 거기 딱 맞게 집을 짓겠지요? 좋은 집은 집주인의 라이프 스타일에 딱 맞는 동시에, 집주인이 꿈꾸는 대로 살 수 있도록 도와줍니다. 그러니 '나의 집'을 짓는 일은 곧 '나의 삶'을 짓는 일이에요.

제가 이 책을 번역하며 개인적으로 가장 고개를 끄덕였던 대목을 얘기해 줄게요. 건축가는 "이 집에서 미래를 꿈꾸며 자랄 아이들이 술래잡기하며 놀 곳이나 무서울 때 숨을 곳이 있나요?"라고 질문합니다. 그냥 "아이들 방은 어떻게 꾸밀까요?" 정도로 물어봐도 될 텐데, 굳이 '미래를 꿈꾸며 자랄 아이들'이라며 아이들이 자라는 것을 강조한 이유는 무엇일까요? 아기일 때는 안전하고 놀기 좋게 오픈된 공간이 많아야 하고, 청소년에게는 자기만의 공간도 찾아낼 수 있어야 좋은 집이겠지요. 숨을 곳 많은 집인지 뭐든지 다 보이는 집인지에 따라 아이들의 유년 시절이 달라지고, 어떤 어른으로 자랄지 정해질지도 몰라요! 좋은 집은 지금 당장 필요한 공간과 함께 '앞으로 변해갈 삶'을 미리 품어준답니다.

이 책을 처음 읽으며 저는 키득키득 웃었어요. 저는 초등학생 때부터 건축가가 되고 싶었어요. 건축가 훈데르트바서의 전시회를 보러 갔다가 '나도 이런 집을 짓는 사람이 되고 싶어.'라고 생각했던 순간이 지금도 기억납니다. 그 후로 저도 이네스처럼 종이 밖으로 뻗어나가는 집을 그리곤 했어요. 방을 하나 그릴 때마다, "아! 여긴 비밀 아지트야!", "비 오는 날도 줄넘기할 수 있는 방이 있어야 해!"라며 공간을 덧붙이다 보면, 종이가 금세 꽉 찼죠. 지금 생각해 보면 그건 단순한 설계도가 아니었어요. '내가 어떤 걸 좋아하는지', 그리고 '어떻게 살고 싶은지'를 기록한 것이죠.

저뿐만 아니라 대부분 아이들은 집을 그릴 때 "방은 몇 개 있어야 해요"보다, "당연히 비밀 아지트가 있어야지", "창밖으로는 고래가 보여." 이런 식입니다. 아이들이 집을 그릴 땐 구조를 떠올리는 게 아니라 놀이 계획을 세우거든요. 연필로 자기가 좋아하는 공간을 그리고 색연필로 바닥을 칠하면서, 아이는 자기만의 세계를 만듭니다. 자기에게 필요한 공간을 만들다 보면 자연스럽게 스스로에게 질문하게 됩니다. '나는 왜 비밀방이 필요하지?', '나는 혼자 있는 걸 좋아하는 걸까?' 자기가 원하는 집을 상상하면서, 아이들은 자신이 어떤 사람인지, 무엇을 좋아하는지를 스스로 알아가기 시작합니다. 아이들이 집을 그리는 놀이는 결국, 자기 삶을 하나하나 상상해 보는 연습이에요. 아마 아이들의 집 그림은 모두 자기소개서일지도 몰라요.

커다란 집을 그리던 꼬마는 건축과 대학생이 되어 십여 개의 설계 프로젝트를 하게 됐는데요, 가장 기억에 남는 건 예술가 여섯 명이 사는 작은 집이에요. 학생이 설계하는 것이니 진짜 지을 건 아니지만, 더 좋은 설계를 하고 싶어서 여섯 명의 예술가에 대해 꽤나 구체적으로 상상했어요. 키는 어느만할지, 누구랑 누가 작업실을 함께 쓰고 싶은지, 놀 때는 뭘 하고 노는지? 건축가로서 묻고 그 인물이 되어 대답했지요. 같은 집에 살아도 각자의 이야기대로 성장할 사람들을 상상하는 것은 제게 특별한 경험이었어요. 텅 빈 집을 설계했는데도 그 안에 스토리가 생기고 사람의 온기가 느껴졌답니다!

건축이란 결국 그런 것 같아요. '살고 싶은 삶'을 그려보고, 그 삶에 맞는 공간을 만들어 보는 일. 그 출발선은 종이 위의 그림일 수도 있고, 한 권의 그림책일 수도 있죠! 그래서 저는 《똑똑똑! 집 지으러 왔어요》 이 책을 건축을 좋아하는 아이들에게 꼭 권하고 싶습니다. 이 책을 읽으며 어린이 독자의 마음에 자기만의 집을 짓는 데 쓸 벽돌이 하나씩 생기면 좋겠어요. 이네스와 함께 건축가의 질문에 직접 대답해 보세요. 이 책을 읽는 경험이 나 자신을 알아 가는 기회가 되기를 바랍니다. 자, 이제 우리 함께 종이에 꽉 차게 커다란 집을 지어 볼까요?

박여원 | 《똑똑똑! 집 지으러 왔어요》 번역자. 그림책을 읽으며 자랐고 여전히 그림책에 둘러싸여 살고 있습니다. 초등학교 때부터 건축가를 꿈꾸었으며 현재 서울대학교 건축학과에 재학 중입니다.

건축가를 꿈꾸는 어린이에게 박여원 번역가가 추천하는 책

《이야기의 집-요시다 세이지 미술 설정집》
요시다 세이지 글·그림, 김재훈 옮김, 한즈미디어(한스미디어)

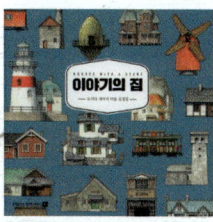

제목 그대로 이야기가 있는 집이다. 살고 싶은 상상 속의 집 33곳이 지브리 스튜디오의 영화처럼 아름답게 그려져 있는데 각 물건과 구조물마다 이야기가 얽혀있다. 나무 위의 집은 나무 위의 집인데 몽상가가 살고 있다면, 그 트리하우스는 다른 곳과 무엇이 다를까? 100년 이상 관리하지 않은 탑이라 계단이 다 무너져 버린 돌탑 집 안에서는 2층에 가려면 어떻게 해야 할까? 배를 타고 들어가는 보트하우스! 보트의 이름은 맥스이다. 여기서 문제, 맥스는 어느 그림책에서 따온 이름이다. 어떤 그림책일까? 이야기가 달라지면 집도 달라진다. 책 뒷부분에 있는 '광부의 엔진 오두막'을 어떻게 그렸는지 메이킹 페이지를 보고 나면 내 머릿속에 있는 것을 어떻게 표현해야 할지 그림 실력이 쑥 늘어나는 기분이 들 것이다. (답-《괴물들이 사는 나라》)

《어린이 직업 아카데미-건축가》
스티브 마틴 글, 에시 킴피메키 그림, 이상훈 옮김, 풀빛

〈예술 쫌 하는 어린이〉 시리즈의 《생각하는 건축》(알렉산드라 미지엘린스카, 다니엘 미지엘린스키 글·그림, 풀빛)과 둘 중에서 어떤 책을 고를지 2박 3일쯤 생각하다가 이 책을 골랐다. 《생각하는 건축》은 신기한 집들이 나와서 상상력을 마구마구 자극하지만, 이 책은 말 그대로, 아이가 잠시 '건축가'가 되어보는 책이다. 도면을 어떻게 그리는지, 건축재료는 어떤 것이 있는지 그리고 집뿐 아니라 도서관, 병원, 공원 같은 공공 공간은 어떻게 설계하는지를 알려준다. 설계도와 자료 사진, 도해들이 알차게 담겨 있고, 평면도를 그릴 수 있는 페이지도 있다. 또 공원 만들기 미션 등 흥미로운 활동들을 잔뜩 할 수 있다. 책날개에는 직접 뜯어내서 다리를 만들 수 있다. 기후에 알맞은 건물을 짓기 위해 은박지, 솜, 신문지, 양말 중에서 어떤 것이 가장 좋은 단열재인지 알아보는 실험도 꼭 해보길 추천한다. 일본의 도쿄와 미국의 로스엔젤레스 등 지진 위험 지역에 건물을 지을 때 꼭 반영해야 하는 내진설계의 원리는 정말 신기하니 꼭 읽어보기를! (참, 벽돌이나 돌로 만든 건물보다 철로 뼈대를 만든 건물이 지진 때 더 안전하다.)

《완전 아늑한 집과 건축의 모든 것 내 멋대로 집 놀이책》
라보 아틀리에 공동체 글·그림, 이미옥 옮김, 시금치

이 책도 책에 직접 그리고, 색칠하고 붙이고 잘라야 해서 손이 바빠진다. 겉표지를 잘라서 팝업 하우스를 만들 수도 있다. '건축'이라는 주제로 맘껏 놀아보는 놀이책이다. 물이 안 나온다면, 난방이 안 된다면 어떻게 될까? 아침 점심 저녁 시간에 따라 다른 일이 벌어질까? 이 책은 텍스트보다는 감각과 선택이 중심이 된다. 문제는 잔뜩 있지만 답 따위는 없다! '이건 안 돼요'가 아니라 '원한다면 얼마든지'라는 태도. 아이 손끝에서 집이 태어나고, 공간이 생기고, 그 안에 자기만의 세계가 들어선다는 것, 정말 멋지다! 아이들이 그리는 집은 늘 조금 엉뚱하고, 늘 조금 과장되어 있어서 더 재미있는 것 같다.

★《똑똑똑! 집 지으러 왔어요》 그림책을 사면 독후활동지가 들어있어요. 사실은 이 활동지를 가장 추천합니다. 제가 직접 만들었거든요!

두 건축가가 직접 쓰고 그린
내 집 짓기와 건축에 관한 그림책

똑똑똑! 집 지으러 왔어요

"내 집을 짓는 것은 내 삶을 짓는 것!"

내 집을 짓고 싶은 이네스가 건축가를 찾아가요. 건축가라면 멋진 설계도를 뚝딱 그려 줄 줄 알았는데 계속 질문만 해요. 어디에서 누구와 살지, 취미는 무엇이고 어떻게 시간을 보내는지 쉴 새 없이 질문이 쏟아져요. 질문에 답하는 사이 이네스의 집은 자꾸자꾸 커지더니… 어마어마하게 커졌어요!

영국의 그림책
전문가 그룹 dPictus 선정
전 세계 뛰어난 그림책 100

★ 온라인 서점에서 독후활동지 무료 다운로드 받으세요 ★

군타 슈닙케 글 | 안나 바이바레 그림 | 박여원 옮김

서로가 바라보는 다른 세상에 대해 질문을 던지는 그림책

넌 어떻게 보이니?

"남들도 나와 똑같이 볼까?"

토마스네 온 가족이 함께 식탁에 둘러앉았어요. 토마스는 색맹이라 남들과 조금 다르게 봐요. 다른 사람 눈에는 이 식탁이 어떻게 보일까요? 우리는 모두 각자 다 다른 안경을 쓰고 있어요. 우리가 쓴 보이지 않는 '안경'을 발견해 봐요.

2024 화이트 레이븐스 선정도서

빅토르 벨몬트 글·그림 | 용희진 옮김

미래아이 인스타

미래i아이

서울시 마포구 동교로134(서교동 464-41) 미진빌딩 2층 | 전화 02-562-1800 | 팩스 02-562-1885
홈페이지 www.mirai.com | 전자우편 mirae@miraemnb.com | 블로그 blog.naver.com/miraeibooks

정말 이렇게 하면 좋은 일이 생길까?
요시타케 신스케 작가의 신통방통한 비법들!

나도 따라 해 볼까?

요시타케 신스케 글그림 | 고향옥 옮김 | 64쪽 | 14,000원

'볼로냐 라가치상 특별상' '일본 그림책 서점 대상' '뉴욕 타임즈 최우수 그림책상'을 수상한 요시타케 신스케의 신작으로, 우리의 삶을 즐겁게 만드는 비법을 소개한다. 길을 걷다 우연히 발견한 행운의 네잎클로버처럼 읽는 이의 마음을 희망으로 가득 채워 줄 사랑스러운 그림책이다.

언젠가 일을 할 어린이,
언제나 일을 하는 어른들을 위한 책

© Shinsuke Yoshitake

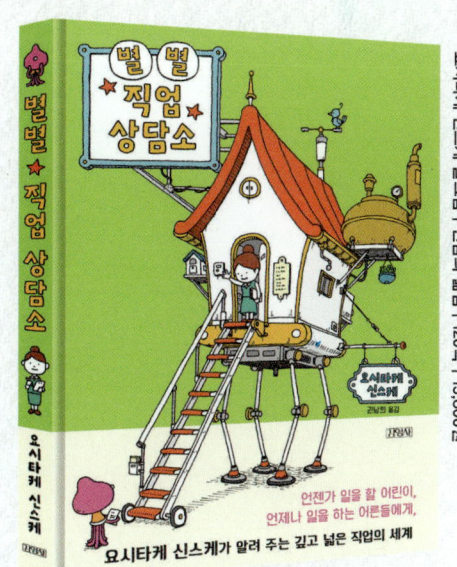

요시타케 신스케 글그림 | 권남희 옮김 | 120쪽 | 15,800원

언젠가 일을 할 어린이에게, 언제나 일을 하는 어른들에게
요시타케 신스케가 알려 주는 깊고 넓은 직업의 세계

일은 왜 해야 하는 걸까? 직업은 어떻게 골라야 할까? 하고 싶은 일이 없다면 어떻게 하지? 《별별 직업 상담소》는 지구에 불시착한 외계인의 시선으로 깊고 넓은 '직업'의 세계를 탐구하며 '일'의 본질을 되새기는 책이다. 아직 무슨 일을 해야 할지 모르는 어린이, 일을 하면서도 늘 고민이 많은 어른들에게 막막한 '일'의 세계를 탐색하는 따뜻한 안내서가 되어 줄 것이다.

www.gimmyoung.com 주니어김영사

그림책이 있는 공간

그림책 작가 조수진의 취향과 흥, 맛과 멋으로 가득한 어흥당 방문기

글_하예라, 사진 제공_조수진

"분위기도 커피도 맛있는 시흥 카페", "성수 느낌의 감각적이고 예쁜 핫플레이스", "아기랑 같이 가기 좋은 카페", "시흥 최애 카페, 힙하고 미술관 같은 곳". 개업한 지 8개월 남짓 된 베이커리 카페 어흥당을 검색하면 쏟아지는 후기들이다.
성수 느낌인데 아가랑 갈 수 있고, 센스 넘치는 공간에 커피까지 맛있다고? 그럴 수가 있나? 부활하신 예수님 옆구리에 손가락 넣어 보는 의심 많은 도마처럼 눈과 입에 공간과 커피를 담지 않고는 믿지 아니하는 필자가 직접 어흥당을 다녀온 뒤 쓰는 방문기!

상어 족구단에 주차하고 호랑이 배 속에서 커피 마시고

경기도 시흥 거모동과 안산 신길동 경계에 위치한 베이커리 카페 어흥당. 카페 뒤편의 군자생활체육시설 주차장 옆에는 '샤크족구단'이 있다. 호랑이 카페 가는 길에 상어까지 만난다니, 이 동네 보통 아이다. 오래된 주택 단지 사이엔 비교적 신축의 어린이집이, 그리고 카페 바로 옆에는 '브라운 모텔'이 반기는 이곳. 옛것과 새것, 아이와 으른의 조합은 브라운 모텔의 외벽이 파란색인 것까지 더하여 묘하게 조화를 이룬다. 맞은편에는 다판다 생활용품점이, 두 집 건너에는 다이소가 있는 상생과 경쟁의 경계 어드메에 어흥당이 있다.

나무로 된 문을 열고 카페에 들어서자마자 탁 트인 중앙 정원이 나온다. 대문 앞 통유리로 보이는 공간이 전부인 줄 알았는데, 호랑이한테 꿀꺽 먹힌 사람들이 호랑이 배 속에서 호랑이 고기 파티했다는 소금장수 옛이야기가 그냥 나온 게 아니다. 어흥당의 속은 매우 넓고 깊었다. 햇살 가득한 정원에서 손님들은 공간 이곳저곳을 둘러보며 감탄하고 사진을 찍느라 분주하다. 예쁜 곳에서의 인증샷은 남녀노소를 가리지 않는다. 정원 옆 테이블이 마련된 곳엔 그림을 그리고 책을 만들고 식물을 돌보는 이곳의 주인 어흥씨의 취향이 담겨 있다. 어흥씨의 공간은 화장실마저 아름답다. 취재 후 사진첩을 뒤지는데 1층 공간을 찍은 앨범에 화장실 사진이 제일 많을 줄이야.

완두슈페너와 모과에이드, 진정성의 끝판왕

이제 음식을 살펴보자. 아무리 예뻐도 음식 맛없음 섭지. 기본 커피 메뉴와 아이들을 위한 쥬스와 쵸코라떼, 그리고 다양한 종류의 내추럴 와인까지! 없는 것 빼고 다 있는 이곳에 생소한 메뉴 완두슈페너가 있다. 에스프레소 위에 달콤하고 부드러운 생크림을 얹은 아인슈페너에 완두콩 크림을 섞어서 내는 음료라고 한다. 카페에서 제일 잘 나가는 메뉴 중 하나라고 하셔서 속는 셈 치고 주문했다. 나는야 도마니까. 먹어 보고 판단해야 하니까.

음료가 나오는 동안 베이커리 쪽을 훑는다. 초코칩이 호랑이 무늬를 닮았다는 구움과자 티그레까지, 빵과 디저트도 본격적이잖아? 초콜릿 눈알이 박힌 르뱅 쿠키를 아이 간식으로 사 가야지 생각하며 둘러보는데 완두콩 통조림이 가득 진열되어 있다. 초록 통조림에 적힌 '도일'은 어흥당 바로 옆에 있는 도일시장에서 온 이름이라고. 시흥과 어흥의 만남이라니, 갑자기 완두슈페너를 주문한 내 안목이 탁월해지는 느낌이랄까! 콩 본연의 단맛에 고소함까지 가미된 연두 크림의 완두슈페너는 맛도 훌륭하다.

어흥당에는 레모네이드 대신 모과에이드가 있다. 중앙 정원에도 집주인 어흥씨만큼 나이 든 모과나무 두 그루가 있다. 어흥씨는 매끈하지 않고 호랑이 무늬처럼 거친 결이 있는 모과나무를 꼭 정원에 심고 싶었다고 한다. 꽃은 하얗거나 분홍이지만 열매가 되어서는 노랑이 되는 변화무쌍함이 마음에 들어 모과에서 모티브를 얻은 어흥당의 인형도 제작했다. 이 노란 모과 인형은 캥거루마냥 속에 또 하나의 인형을 품고 있는데, 꺼내면 하얀 머리에 분홍 엉덩이를 가진 아기 모과가 나온다. 정원 한편에는 각종 허브와 완두를 심었다. 뿌린 작물과 내는 메뉴가 사맛디 아니한 꼴을 못 보는 어흥씨 되시겠다.

이렇게 모든 것에 진심인 어흥당의 주인 어흥씨는 누구인가?

바리스타 자격증이 놓일 자리에 볼로냐 아동도서전 2016년 올해의 일러스트레이터 어워드 액자가 걸려 있는 곳. 예사롭지 않은 포스터와 작품이 눈이 닿는 곳곳에 붙어 있고, 2층 어흥씨의 서가가 한쪽 벽면이 몽땅 그림책으로 전시된 어흥당은 그림책 작가 조수진이 남편과 함께 운영하는 카페이자 문화공간이다. 어릴 때부터 호피 무늬도 육식도 좋아했던 작가에게 '어흥'이라는 별명을 붙였던 이들은 알았을까. 본인의 정체성을 따라 어흥당을 만들고 출판사 어흥대작전을 차리고 어흥씨로 살게 될 조수진의 삶도. 카페 정원에 완두를 심고 완두슈페너를 만들고 심지어 그림책 《위대한 완두콩》을 빚어내는 그녀의 진심을.

첫째를 위해 《거울책》을 만들었지만 둘째를 위해 만든 책은 없다며 같이 만들어야겠다고 호탕하게 웃는 그녀는 민화 속 호랑이를 닮았다. 해학적이지만 본성은 으르렁대는, 잡아먹을 줄 알았는데 살려는 드리는, 아니 오히려 살 수 있도록 도와주는 조수진 호랑이. 어디서 받아 온 못생긴 수건은 절대 안 쓰고 그림책 작업도 남이 쓰는 얘기 말고 내가 좋아하는 얘기를 더 뾰족하게 하는 걸 좋아하는 어흥씨가 내 마음에 꼭 드는 것만 채워서 만든 공간, 어흥당. "이 공간이 제 추구미예요."라고 말하면서도 아직 시흥에 어흥당 말고는 다른 볼 게 없는 것 같아서 멀리서 오라고 하기가 좀 그렇다는 작가를 대신해서 말하자면, 어흥당 하나만으로도 시흥에 방문할 가치가 충분하다.

어흥당에 다녀온 이들은 이렇게 말할지도 모른다. "어흥씨가 제 추구미예요." 내가 추구하는 아름다움, 내가 원하는 취향과 가치관을 따라 겁이 나더라도 결국 삽을 뜨는 어흥씨 조수진의 공간 어흥당으로 여러분을 초대하고 싶다. 어흥당은 언제나 활짝 입을 아니 문을 열고 그대를 기다리고 있다. 어흥~

어흥당 꿀팁

★ 유아, 반려동물 출입 가능
★ 식사 가능. 어흥당에서 직접 만든 포카치아 샌드위치는 한끼 든든한 식사다.
★ 티를 주문하면 매우 귀여운 고양이 티팟에 나온다. 티팟 고양이가 심장 폭격을 할 줄이야. 하긴, 호랑이도 고양이 과다.
★ 와인에 정통한 어흥씨의 남편은 와인 주문 고객을 편애한다고.
★ 2층 어흥씨의 서가에서 조수진 작가가 직접 큐레이션한 그림책들을 볼 수 있다. 큐레이션 주제에 대한 안내가 없어 보는 이들이 어떤 조합일지 추측해보는 재미가 있다.
★ 조수진 작가의 그림책을 구매하면 커피 한잔을 무료로 제공한다. 작가가 있는 날에는 작가의 재기발랄한 사인까지 받을 수 있으니 놓치지 말자.

어흥당 방문 안내

★ 주소　　　경기도 시흥시 도일로 114-1
★ 영업시간　매일 10:00~20:00
★ 주차　　　도일시장 공영주차장(유료: 10분당 100원) | 군자생활체육시설 주차장(무료) |
　　　　　　군자중앙감리교회 주차장(무료. 금요일 저녁~일요일 제외)
★ 대중교통　지하철 4호선 안산역에서 도보 30분(어흥씨의 출퇴근 방법) |
　　　　　　지하철 4호선 안산역 하차 후 20, 30, 34, 61, 76번 버스 환승. 도일시장 하차.

《경복궁 친구들》
조수진 글·그림, 어흥대작전

《위대한 완두콩》
조수진 글·그림, 어흥대작전

조수진

2016 볼로냐 어린이 도서전 올해의 일러스트레이터 선정작 《달토끼, 거북이, 오징어》, 2025년 BIB 대한민국 출품작 《위대한 완두콩》 등으로 국내외에서 주목 받는 작가이다. 뜯어 보고 비춰 보며 감정을 찾는 《거울책》, 실외와 실내의 모습을 위아래에서 동시에 볼 수 있는 스크롤 타입의 접이책 《2053년 이후, 그 행성 이야기》, 경복궁을 한 눈에 담는 파노라마 접이식 그림책 《경복궁 친구들》처럼 책의 물성을 다양하게 활용하며 개성 넘치는 세계관을 독자에게 선보이고 있다. 2025년 볼로냐 국제도서전 대한민국 대표 전시 작가로 선정되었다.

오현수가 만난 그림책 작가

라키를 보고 이들이 외친 말
"우리가 만들고 싶은 잡지랑 똑같아!"
맥 바넷과 존 클라센 인터뷰

요즘 저의 큰 즐거움 중 하나는 《Looking at Picturebooks》에서 보낸 뉴스레터를 읽고 그림책을 찾아 읽는 거예요. 유명 그림책 작가 맥 바넷과 존 클라센이 2024년 10월부터 한 달에 몇 번씩 그림책 뉴스레터를 보내주는데, 매회 한 권씩 그림책을 정해 '그림책 보는 법'을 알려줍니다. 유명한 고전 그림책부터 잘 알려지지 않은 그림책 이야기, 동료 작가 작품 소개와 인터뷰, 그림책 평론까지 매회 다양하면서도 알찬 내용이 담겨있습니다. 특히 그림책 한 권을 놓고 글쓰기, 그림, 디자인 등 스토리텔링의 다양한 요소와 의미에 대해 두 작가가 꼬리 물며 이어가는 열띤 대화는 '그림책의 모든 것을 알려주마.' 작정하고 나선 듯 보입니다. 맥 바넷과 존 클라센은 〈라키비움J〉 잡지를 보고선 무척 부러워했답니다. 작가들도 궁극적으로 그림책 잡지를 만들고 싶다며 자신들이 꿈꾸는 그림책 세상과 그림책 잡지의 역할, 독자들에게 그림책의 가치에 대해 알리고픈 간절함을 털어놓았습니다.

① 《애너벨과 신기한 털실》 맥 바넷 글, 존 클라센 그림, 홍연미 옮김, 길벗어린이 ② 《샘과 데이브가 땅을 팠어요》 맥 바넷 글, 존 클라센 그림, 서남희 옮김, 시공주니어 ③ 《늑대와 오리와 생쥐》 맥 바넷 글, 존 클라센 그림, 홍연미 옮김, 시공주니어 ④ 《산타는 어떻게 굴뚝을 내려갈까?》 맥 바넷 글, 존 클라센 그림, 서남희 옮김, 주니어RHK(주니어랜덤) ⑤ 《트롤과 염소 삼 형제》 맥 바넷 글, 존 클라센 그림, 이순영 옮김, 북극곰 ⑥ 《네모》 맥 바넷 글, 존 클라센 그림, 서남희 옮김, 시공주니어 ⑦ 《세모》 맥 바넷 글, 존 클라센 그림, 서남희 옮김, 시공주니어 ⑧ 《동그라미》 맥 바넷 글, 존 클라센 그림, 서남희 옮김, 시공주니어

© 현대어린이책미술관

글 작가 맥 바넷은 다양한 그림 작가와 협업해 60여 권을 넘게 출간한 아동문학 베스트셀러 작가이다. 그림책에서 문학비평서까지 폭넓은 작품 스펙트럼을 보여준다. 글과 그림 작업을 함께하는 존 클라센 작가는 2012년작 《이건 내 모자가 아니야》로 칼데콧 대상, 케이트 그리너웨이 상을 동시 수상했다. 그림책계 절친으로도 유명한 두 작가의 협업 그림책들은 베스트셀러가 되며 칼데콧 상, 보스턴 글로브 혼북 상 등 다수 상을 수상했다. 《세모》,《네모》,《동그라미》, 일명 〈모양〉 3부작은 애플tv+ 애니메이션으로 제작될 만큼 큰 인기를 끌었고 한국 독자들에게도 많은 사랑을 받고 있다.

Chapter 1.
어린이의 마음은 창의력의 포털

▲

맥 바넷은 그림책을 만드는 일을 '공간을 만드는 일'이라고 표현해 왔습니다. 그림책의 글을 쓸 때면 여기저기 틈도 많고 작은 구멍이 뚫린 구조물을 만드는 느낌으로 이야기에 그림 작가의 몫을 위한 공간을 일부러 남긴다고 합니다. 이런 공간은 작가의 이야기에 독자의 경험과 상상력을 덧입혀 자기만의 이야기로 완성하길 기대하는 작가의 초대장이기도 합니다. 전 세계 북투어를 다니며 다양한 독자 만남을 갖는 두 작가에게 어린이 워크숍은 좀 더 특별한 시간입니다. 어린이들과 직접 소통하는 즐거움도 누리고 창작자로서 큰 자극을 받기도 합니다.

"한국을 방문했을 때 MOKA(현대어린이책미술관) 워크숍이 특히 재미있었습니다. 아이들과 "오늘 들은 이야기로 그림도 그리고 함께 놀자." 하고 그냥 '상상 놀이'를 했기 때문이에요. 처음에는 정답을 찾아 '제대로 된' 그림과 이야기를 만들려던 아이들은 점점 우리가 아이들의 아이디어와 신난 모습을 진짜로 좋아한다는 것을 알아차려요. 그런 공간을 창조하는 게 재미있습니다. 그림책 역시 그와 마찬가지로 구조적이면서도 구조가 없는 것이니까요. 우리의 정신에도 그런 공간이 필요합니다."
-맥 바넷, MOKA 워크숍을 회상하며

이 세상 모든 작가의 가장 큰 숙제는 이미 허구의 이야기라는 걸 알고 읽기를 시작한 독자가 책 속 이야기에 푹 빠지도록 하는 것입니다. 이를 위해 글 작가는 서사, 이야기의 긴장감과 완급조절, 유머 등 여러 가지 문학적인 도구들을 적절히 사용합니다. 그림 작가 역시 사실성을 살리기 위해 자료 조사를 하고, 이야기에 몰입시킬 수 있도록 표현 방식을 연구합니다. 사실 노력은 문학 독자나 예술 애호가에게도 필요합니다. 작품과 하나 되기 위해서는 허구라는 걸 알지만, '스스로 믿기'라는 몰입의 관문을 넘어야 합니다. 독자는 자신의 경험, 지식을 동원해 작품을 이해하고 더 깊은 몰입을 위해 예술 이론, 감상법을 배우고 익히기도 합니다.

"아이들은 처음에는 정답을 찾으려 하지만 '상상 놀이'라는 방식에 정말 빨리 적응해요. 사실 '상상 놀이'처럼 상상력을 펼쳐 빠르게 실행하는 것은 직업적인 창작자, 어른들이 추구하는 것이에요. 아이들이 보여주는 상상력의 속도와 열린 태도를 보면 우리도 그 방법을 배우고 싶습니다."
-존 클라센, MOKA 워크숍을 회상하며

두 작가는 어린이의 상상력과 열린 태도에 주목합니다. 어린이의 '상상 놀이', 소꿉놀이를 한번 생각해 보세요.
"우리 병원 놀이하자. 나는 의사 선생님, 엄마는 환자 해. 환자분, 어디가 아파요?", "햄버거 가게 놀이하자. 손님 뭐 드실래요?" 하는 식이지요. 어린이는 일상에서 상상의 세계를 만들고 몰입하는(스스로 믿는) 과정을 자연스럽게 이루, 고 책 속 이야기를 어른보다 훨씬 잘 해석하고 받아들입니다. 그래서 두 작가는 어린이들이야말로 문학, 특히 그림책을 위한 최고의 독자라고 생각합니다.

Chapter 2.
아이들만 보는 그림책?
나와 함께 나이 들어가는 그림책!

■

두 작가는 출판인 모임에서 처음 만나, 아놀드 로벨의 <개구리와 두꺼비> 시리즈에 얽힌 기억을 공유하며 친해졌습니다. 누군가의 책장을 공유하는 건 그 사람의 삶과 이야기를 듣는 쉬운 방법 중 하나입니다. 두 사람의 책장엔 어떤 책과 삶의 추억이 담겨있을까요?
맥 바넷의 어린 시절, 어머니는 혼자 아이를 키우는 어려운 형편에도 주말 중고 장터에서 그림책을 골라 책장을 채워주었고, 매주 도서관에 데려가 읽고픈 책을 직접 고르게 했습니다. 어른 마음에 들지 않는 책을 골라 와도 그의 선택을 존중해주고 나중에 그 책에 대해 함께 이야기를 나누었습니다. 어른과 아이가 동시에 즐길 수 있는 그림책의 가치를 처음 알게 된 것도 어머니 덕분이었습니다.

"태어나 처음 책을 본 기억이 엄마가 읽어주신 제임스 마셜의 책이에요. 우리 엄마는 좀 엉뚱하고 블랙코미디같이 독특한 유머 감각이 있는 내가 아는, 이 세상에서 제일 재미난 사람입니다. 내가 좋아하고 재미있게 본 그림책을 엄마가 혼자 읽으면서 눈물 날만큼 웃는 걸 봤어요. '나 때문에 아동용 책을 읽어준 게 아니었구나', '이 책 진짜로 웃긴 책이구나.' 뭔가 인정받은 거 같아 정말 신났습니다. 아이를 키우는 즐거움 중 하나가 어릴 적 읽었던 책을 다시 발견하는 거예요. 제임스 마셜의 책을 정말 좋아해 종종 읽어주는데, 제 아들도 좋아합니다."
-맥 바넷, 내 아이와 함께 읽고 싶은 '유년기 그림책 한 권'에 대해

존 클라센은 3형제 중 제일 먼저 자기 방을 갖는 맏이의 특권을 누렸지만, 사실 아버지 책들이 가득 쌓인 방에 침

대만 놓은 것이었습니다. 침대에 누워 눈에 익숙해진 아무 제목이나 손 가는 대로, 읽기 시작하며 다양한 책과 친해졌습니다. 부모님의 의도는 아니지만, 책과 가까워지고 책을 읽게 하는 가장 좋은 환경에서 자란 존 클라센은 아이들에게도 책을 가까이하는 환경을 만들어주고 있습니다.

"제가 좋아하는 책은 초등학교 2학년 때 학교 도서관에서 봤던 읽기 연습용 책 《IN A DARK DARK ROOM》이에요. 겁 많던 어린 시절 이 책을 무서워하면서도 좋아했고 지금도 좋아하는 책이라 아이들에게도 여러 번 읽어주었습니다. 저는 좀 더 나이가 들어서 읽었기 때문에 아직 맘의 준비가 안 된 아이들에게 조금 일찍 읽어준 것이 아닌가 걱정도 했어요. 큰아이가 아주 좋아해서 항상 읽어달라고 하고 혼자서도 여러 번 읽게 된 첫 번째 책입니다."
–존 클라센, 내 아이와 함께 읽고 싶은 '유년기 그림책 한 권'에 대해

존 클라센에게는 두 명의 개구쟁이 아들이, 맥 바넷 작가에겐 아들 한 명이 있습니다. 그림책 작가 아빠가 자신의 책을 읽어주는 가족의 스토리타임은 어떤 풍경일까요? 두 작가는 의외의 이야기를 털어놓습니다.

"내 책을 아들에게 읽어주는 걸 불안해해요. 정말 긴장되는 일이거든요. 보통 저는 다른 작가의 책을 읽어주고 제 책은 아내가 읽어줍니다. 아이가 《세모》를 제일 좋아한다고 해서 정말 행복했지만 계속 "다시 읽어줘." 하길래 "나는 못 읽어줘." 했어요. 너무 불안해서 말이지요. 아동도서 편집자인 아내는 업무상 협업은 하지 않아도 개인적으로 제 글을 읽고 피드백을 해줍니다. 제가 새 원고를 보여주는 몇 안 되는 사람이에요. 우리는 아동문학을 함께 읽고, 이야기 나누고 논란거리도 공유하고 어린이 책을 항상 공유해요. 우리 집은 일종의 '어린이 책의 전당'이죠."
–맥 바넷, 자신의 책을 가족과 함께 읽는 것에 대해

"저도 너무 불안해서 제 책을 골라 읽어주지는 않습니다. 읽어주더라도 제 아이들은 아빠가 그 책 작가라는 걸 깜박해요. 듣다가 지겨워지면 그냥 "이거 너무 재미없어."

합니다. 그런 말에 제가 받는 영향이나 상처에 대해 아직 이해하지 못하는 나이예요. 머리로는 "아빠가 쓴 책이라 이 책이 지겨워요."가 아닌 걸 알지만, 상처는 똑같이 받는 거 같아요.
그림책 일러스트를 하면서도 아이들에게 책 읽어주는 법은 잘 몰랐는데 내 아이들이 태어나고선 책 읽어주는 방법을 알게 되었어요. 맥이 글을 쓴 책은 읽어주기에 참 좋은 책이에요."
–존 클라센, 자신의 책을 아이들과 함께 읽는 것에 대해

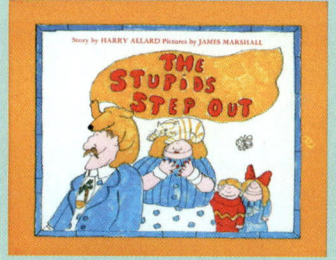

《The Stupids Step Out》
해리 앨러드 글, 제임스 마셜 그림, Sandpiper

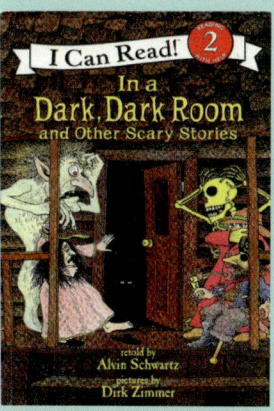

《In a Dark, Dark Room and other Scary Stories》
앨빈 슈워츠 글, 빅토르 리바스 그림,
harpercollins Childrens Books

내 아이의 독자평과 반응이 무섭고 긴장된다는 베스트셀러 그림책 작가 아빠의 말이 의외이면서도 아이에게 그림책을 어떻게 읽어줘야 할까 고민하는 양육자와 선생님들 모습이 겹쳐지기도 합니다. 두 작가가 그림책을 읽어줄 때 고려하는 점이 궁금해집니다.

"그림책의 디자인은 종종 이 책을 어떻게 읽어줄지 힌트를 제공합니다. 판형 디자인도 마찬가지예요. 책 자체가 직관적인 방법으로 책을 어떻게 읽어야 할지 알려줍니다. 책의 크기, 구성, 페이지의 구도, 그래픽 요소와 묘사의 섬세함, 이러한 것들이 청자들이 어디에 앉을지, 읽어주는 사람에게는 목소리 크기, 책을 어떻게 펼치고, 어떤 면을 집중해서 보여줄지를 알려줍니다.
예를 들어, 존이 쓰고 그린 《내 모자 어디 갔을까?》 책은 판형 크기가 매우 크고 그림은 굉장히 대담하지요. 책 속에 여백이 많은데 글자는 진하게 되어 있어서 저 뒤에서 있는 아이들도 볼 수 있습니다. "내 모자가 사라졌어. 찾아야겠어" 하며 큰 몸동작과 함께 읽어주면 관객들의 시선이 따라가며 큰 웃음이 나옵니다."
-맥 바넷, 그림책 읽어주는 법에 대해

"어렸을 때 읽었던 《In a dark dark room》 책도 그랬어요. 무서운 이야기지만 책 제목도 본문 글자 크기도 컸습니다. 내 나이를 뛰어넘는 책이나 어른을 위한 무서운 책은 읽고 싶지 않았던 저에게 책 디자인은 '이 책은 여전히 너를 위한 이야기야.'라고 말하고 있었어요.
《오틸라와 해골》은 본문 글이 많고, 머리 없는 뼈다귀도 나오지만, 책 속 글자가 여전히 크기 때문에 '내가 읽어도 되는 책'이라는 정보를 아이들이 알 수 있어요. 영어 폰트 고를 때도 더 열리고 친절한 느낌의 모양으로 선택했습니다. 한글의 형태에서도 그렇게 보여요. 담고 있는 이야기는 무서울지라도 말이지요."
-존 클라센, 책 디자인이 전달해 주는 정보에 대해서

Chapter 3.
사람마다 다르게 상상하도록 이야기 공간을 넓게 구성해요

●

두 작가는 그림책을 어린이와 어른이 동시에 즐길 수 있는 공간이라고 생각합니다. 어린이와 성인 독자 모두에게 사랑받고 미국 다수의 언론사 베스트 그림책에 선정된 존 클라센이 쓰고 그린 《오틸라와 해골》은 그런 특성이 잘 드러나는 책입니다. 오스트리아 옛이야기를 원작으로 한 《오틸라와 해골》은 한 소녀가 오래된 저택의 해골과 친구가 되어 해골을 쫓아다니는 뼈다귀와 벌이는 미스터리 모험 이야기입니다.

"원래 존이 읽었던 원작, 옛이야기 책에서는 '둘이 한 몸이 아니다.'라고 설명합니다. 해골의 진짜 주인은 어떤 악당에게 목이 잘린 여자였고, 나중엔 악당도 목이 잘려 몸통만 남은 뼈다귀가 되어서도 복수를 위해 해골을 쫓아다닙니다. 존이 그런 부분을 바꾼 것입니다."
-맥 바넷, 《오틸라와 해골》의 옛이야기 원전을 바꾼 이유에 대해

깊은 숲과 낡은 저택, 도망친 소녀라는 옛이야기에 흔한 배경과 인물 설정, 해골의 등장까지 뻔한 공포물 이야기처럼 보이지만 작가는 해골을 머리만 남겨 소녀의 도움이 필요한 무력한 존재로 그려내며 독자의 예상을 깹니다. 해골을 쫓아다니는 뼈다귀의 이유 모를 집착과 집요함은 독자를 더 긴장시키고 이야기에 집중하게 합니다.

"사람들이 해골과 뼈다귀 관계를 자꾸 궁금해하는 것이 정말 재미있어요. 원전이 있는 이야기뿐만 아니라 작가의 창작 이야기도 사실 많은 부분을 이야기하지 않고 넘어갈 때 훨씬 더 강력한 이야기가 되는 것 같습니다."
-존 클라센, 《오틸라와 해골》의 옛이야기 원전을 바꾼 이유에 대해

《오틸라와 해골》
존 클라센 글·그림, 서남희 옮김, 시공주니어

주인공 소녀는 '오틸라는 마침내 도망쳤어'라는 문장과 함께 처음 등장합니다. '마침내'라는 함축적 단어는 오틸라가 도망쳐야 했던 무언가를 독자가 상상하게 만들고 관계의 서사에 설득력을 부여합니다. 도망치다 지쳐 쉴 곳을 찾아온 오틸라를 해골은 받아주고, 오틸라는 평생 뼈다귀에 쫓기다 지친 해골을 이해하고 받아들입니다. 이러한 둘의 모습은 서로 닮았습니다.

"처음 이야기를 구성할 때 사랑 이야기를 생각했지만, 분위기는 옛날 공포 영화 같은 스릴러 분위기를 생각했습니다. 이 두 가지가 서로 상충하지 않고 동시에 존재한다고 생각합니다. 실제로 많은 무서운 이야기들이 사랑 이야기이기도 합니다. 대부분의 사랑 이야기는 두 사람이 사랑에 빠지게 된, 서로 다른 이유를 설명하려 합니다. 그런데 오틸라와 해골이 소울메이트라고 하면 그 이유가 필요 없어요. 어떤 노력 때문이 아니라 그냥 사랑에 빠지니까요. 그래서 이 책은 '사랑하는 것'에 관한 이야기이지만 '왜'에 관한 이야기는 아닙니다."

–존 클라센

이 책의 또 다른 재미는 독자가 몰입하는 부분에 따라 이야기가 다 다르게 느껴지도록 한 작가의 열린 구성입니다. 뼈다귀의 이유 모를 집착과 마지막 운명은 누군가에게는 이 이야기가 해골의 집에서 일어나는 미스터리 이야기로, 또 누군가는 도망에 지쳐 울고 말았던 오틸라가 뼈다귀와 맞서는 모습을 보며 한 사람의 내면이 성장하는 이야기로 읽기도 합니다. 오틸라와 해골 이야기는 해피엔딩으로 마무리되지만, 독자는 이야기의 끝이 아니라 또 다른 이야기의 초대장을 받은 듯합니다.

"더 상상하게 하는 글이 이야기 속으로 들어가는 문이 더 많은 거지요. 작가가 질문에 답을 하면 할수록 그 문은 닫히는 것 같습니다. 좋은 작품은 독자들이 그 세계 안에서 살아갈 수 있게 해줍니다. 여러분에게 어린 시절에 좋아했던 책이나 영화를 떠올려보라고 하면 줄거리를 기억하기보다 그 안에 어떤 장면이 있었는지를 기억하는 것과 같습니다. 많은 것을 열어둔 채로 가는 것이 그렇게 돌아갈 수 있게 도와주는 것입니다. 20년 뒤에 사람들이 "그 이야기 기억해?" 했을 때 줄거리는 기억을 못하더라도 전반적 느낌을 기억하는 것이 작품에 대한 최고의 칭찬이라고 생각합니다."

–존 클라센

"최고의 책이 그런 걸 합니다. 책을 닫고 나서 더 흥미로워지는 것이지요. 이야기를 다 읽고 나서도 다시 생각나고 아이가 새롭게 상상하면 좋은 이야기입니다. 하지만 '다 읽었어.' 하고 '끝.' 하면 작가가 해야 할 일을 제대로 안 한 것입니다. 긴 메아리와 긴 여운요."

–맥 바넷

Chapter 4.
그림책 가치 알리기에 목소리 높이는 두 작가

▲

두 작가는 미국 사회에서 아동문학, 특히 그림책을 어린이만 보는 책으로 평가절하하는 사회적 시선, 양육자와 교육 기관에서 동화로 넘어가는 교육 보조 수단으로써 그림책을 읽기 교재로 쓰는 사회 분위기에 저항해왔습니다. 그림책을 만드는 작가이자 독자로서 그림책의 예술성과 문학성을 강조하며, 어린이와 성인 모두에게 의미 있는 작품을 만들고자 하는 의지를 표명해왔습니다.

"저는 기본적으로 그림책이 어른들이 아트와 스토리텔링을 처음 접하는 계기가 된다고 생각합니다. 재미있는 건 독서에 무관심한 어른들도 자기 아이에게 책 읽어주는 건 중요하게 생각하는 점입니다. 어른들은 아이에게 책을 읽어주다 좋은 그림책에 감동하며 놀라기도 합니다. '애들만 그림책 읽고 생각하는 게 아니라 읽어준 나도 그림책에 대해 생각하네?' 이런 경험들이지요. 훌륭한 그림책은 어른들도 그런 감정적이고 미학적 연결지점을 찾을 수 있게 해줍니다. 저희에겐 그런 부분이 정말 인상 깊었습니다."

–맥 바넷

하지만 사람들이 그림책을 모든 것을 다 해결해주는 마법의 책으로 맹신하는 것도 경계합니다. 좋은 그림책이 마법의 책이 되는 것이지요. 사람들에게 어떤 책이 좋은 그림책인지 알려줄 방법을 고심하던 두 사람은 그림책 잡지라는 매체를 꿈꿉니다. 맥 바넷과 존 클라센 작가는 〈라키비움J〉 잡지를 보며 기자에게 자신들의 꿈을 털어놓았습니다.

"어린이는 어른보다 미숙한 존재가 아니라 단지 작을 뿐입니다. 어른들도 그림책의 글감이나 재료, 그림책 작업 과정 등 아동도서에 대해 충분히 이야기할 수 있다고 생각합니다. 그림책이 어린이뿐만 아니라 어른들도 충족시킬만한 스펙트럼 전체를 쓸 수 있기를 바랍니다. 〈라키비움J〉 잡지에서 그런 것을 봤다고 생각했고 우리도 그런 잡지를 만들 수 있기를 바랍니다."
- 존 클라센

"그림책에 얼마나 많은 생각과 고려가 들어갔는지 말하는 에세이와 인터뷰를 담고 싶습니다. 작가들이 철학을 나누고 더 나아가 토론을 하게 된다면 그림책이라는 예술 형식에 도움이 되고 아이디어 교환을 한다면 그림책 생태계에 도움이 될 거 같습니다. 그림책 활동가, 선생님, 사서, 돌봄 양육자들에게는 아이들에게 어떤 책을 읽어줄지 정할 때 도움이 될 거예요. 아동문학을 좋아하는 일반 독자에게도 마찬가지겠지요.
아름다운 사진과 일러스트레이션을 넣어 좋은 디자인의 그림책 잡지를 만들고 싶습니다. 왜냐하면 디자인으로서 그림책의 좋은 디자인, 사진의 모범 예시가 되는 것이기 때문입니다. 그리고 잡지를 만드는 것이 우리의 신념을 좀 더 굳게 하고 나아가야 할 길을 위한 또 다른 방법인 거 같기도 합니다."
- 맥 바넷

이렇게 설렘과 열띤 목소리로 그림책 잡지에 대한 열망을 전하던 두 작가는 2024년 10월 《Looking at Picture books》라는 뉴스레터 구독 서비스로 첫발을 내디뎠습니다. 2025년 2월에는 맥 바넷 작가가 미국의 아동문학 국가홍보 대사로 임명되었다는 반가운 소식이 더해졌습니다. 문해력과 교육, 젊은 세대의 '삶의 질' 향상에 아동문학의 기여도를 알리고 미국 전역의 어린이와 청소년들에게 독서를 장려하는 2년간의 중요한 임무를 맡았습니다. 미국 의회도서관 임명식장 무대에 선 맥 바넷은 존 클라센과 함께 그림책 《세모》를 읽어주며 '그림책의 위대함'을 아동뿐만 아니라 어른들에게도 널리 알리겠다는 활동 포부를 밝혔습니다. 오랜 세월 꿈꿔왔던 자신들의 꿈을 향해, 더 나은 그림책 생태계를 향해 한 발, 한 발 기운차게 나서고 있는 것이지요.

그림책은 주요 독자층인 어린이를 위해 어른 작가가 창작하고 어른들이 제작하고 주로 어른들이 선택해 어린이 독자를 만납니다. 책이 독자에게 선택된 뒤에도 듣는 어린이 독자와 읽어주는 어른 독자가 존재하는 특별한 이중구조를 갖지요.
〈라키비움J〉가 꿈꾸고 소망하는 바를, 두 작가의 목소리로 들을 수 있어서 정말 기쁩니다. 〈라키비움J〉도 그림책 잡지 발간을 향한 두 작가의 꿈을 응원합니다. 어린이 독자와 이중 독자인 어른이 함께 그림책을 더욱 즐겁게 읽을 수 있도록, 그림책 한 권의 다양한 즐거움을 읽어내는 법을 더 열심히 이야기하겠습니다.

애너벨은 강아지들에게도,

고양이들에게도,

동물이란 동물에게는 모두
스웨터를 떠 주었어요.

금방 실이 다 떨어질 거야, 누구나 그렇게 생각했어요.

《애너벨과 신기한 털실》 맥 바넷 글, 존 클라센 그림, 홍연미 옮김, 길벗어린이 그렇지만 털실은 아직 남아 있었어요.

애너벨은 옷을 입지 않는 물건들에게도
스웨터를 떠 주었어요.

그림책 작가 이수연의 《비가 내리고 풀은 자란다》 창작 노트

나는 왜 깊은 초록을 담은 숲을 그려야만 했을까?

글·그림_이수연

'나를 지켜 준 나무와 그 나무를 버리고 도망쳤던 숲,
함께 빗속을 뛰어다녔던 친구에게'
하늘 높이 드넓게 펼쳐진 초록 숲과 푸르스름한 빗줄기,
그 뒤로 헌사의 글이 따라온다.
이 책은 비 오는 날, 숲과 폐허가 된 공장에서
신비와 비밀, 우정을 나누며 성장하는
두 아이의 어떤 특별한 하루를 그리고 있다.

《비가 내리고 풀은 자란다》
이수연 글·그림, 길벗어린이

아홉 살의 나는 몇 시간이고 먼지를 바라보다가, 먼지처럼 떠다니는 생각들을 붙잡아 끊임없이 낙서하고, 여름이 끝나면 어깨의 피부가 빨갛게 벗겨지도록 내내 바깥으로 나가 뛰어놀던 아이였다. 굴뚝이 가득한 회색 공장지대에서 오동나무 숲이 집 바로 옆 크라운 맥주 공장과 주택가를 나누었는데, 그 풍경은 도시에서 흔히 만나기 힘든 묘한 이질감을 주었다. 그 오동나무 잎들이 얼마나 컸는지, 어린 나를 감싸주고도 양옆으로 길이가 넉넉하게 남았다.

태풍이 지나간 아홉 살의 어느 아침, 옥상에서 바라본 광경은 강렬했다. 커다란 오동나무가 번개를 맞고 반으로 쪼개져 하얀 배를 드러내며 기괴하게 누워있었다. 그때는 그 모습이 나의 기억 속에, 꿈속에까지 이렇게 오래도록 따라붙을 줄 몰랐다.

또 선명하게 기억이 나는 폭우가 내린 어느 여름날, 흰 티에 반바지를 입고 몇 시간을 신나게 뛰어놀았던 날이 있다. 집으로 돌아와서 푹 젖은 무거워진 옷을 벗으면서 생각했다. '이런 상쾌한 기분은 처음이다. 이런 날이 언제 또 올까?' 그때 이미 어느 정도는 알았던 것 같다. 그런 날은 자주 있는 날이 아니라는 것. 온몸의 감각이 가득 차올라 심장이 펄펄 널뛰는 기분, 그런 충만한 기분을 만끽하는 날은 그 뒤로 절대 흔하게 찾아오지 않았다.

햇살이 하얗게 타오르는 열 살의 어느 여름날이 일렁일렁 밀려온다. 고모는 여름마다 사골을 삶는 날이면, 식혀서 화분들에 그 국물을 부었다. 특히 치자꽃 향기를 잊을 수가 없다. 하얀 장미 비슷한 모양의 도톰한 꽃이 피는데, 그 향기가 얼마나 달콤했는지. 고모와 함께 쪼그리고 앉아 꽃잎만큼 두께가 도톰한 그 잎들을 바라보았다. 그러다 어떤 풀잎은 유난히 작고 여리고 연한 연둣빛으로 빛나고 있는 것이 눈에 띄었다.

"고모, 이 작은 잎은 왜 이렇게 반짝반짝해요?"

"아직 어리기 때문이야. 새로 태어났으니까. 작고 여리고 반짝반짝거리는 거지. 지금 네가 그런 것처럼."

고모의 손길이 다정하게 내 머리카락을 만졌다.

"봐, 이렇게 반짝반짝하잖아."

그런 거구나. 아이는 여리고 반짝거리고 연둣빛이고 그런 거구나. 열 살에 나는 내가 그런 치자꽃 풀잎 같은 거라는 것을 처음 알았다. '여리고 반짝거리는 푸른 풀잎, 곧 숲이 될 거예요' 책에 작은 손 그림을 그리고, 이 한 줄을 적을 때마다 그 열 살의 타는 듯한 여름날, 치자꽃 화분 앞으로

돌아간다. 아. 그리고 '풀'. '풀'이라는 단어를 썼던 사람이 하나 더 있었지.
아이들이 갓 태어났을 때, 아빠가 땀으로 붙은 머리카락을 아이들의 이마 뒤로 넘기면서, 아기들이 깰까 봐 조용히 속삭이셨다.
"아기는 '풀'이야. 눕히는 대로 눕고, 세우면 세워지는. 풀처럼 여리고 그렇게 약하고 부드러운 거야."
아빠는 바운서에 아기 맨다리가 닿는 걸 보시더니, 이내 못 참으시고 하얀 가제 수건을 찾아와서 다리 피부와 플라스틱 바운서 사이에 끼워 두신다. 아기의 얼굴이 한결 편안해졌다. 요즘 사진에 찍힌 나를 보면 나이가 들수록 나는 아빠의 눈매와 점점 더 닮아간다.
이 책의 글을 마지막으로 다듬으면서 저런 말들을 나에게 남겨주신 아빠가 참 많이 그리웠다. 나는 '풀'과 '여리고 반짝이는'이라는 단어를 책 앞에 메시지로 남길 때마다, 그 단어들을 의미 있게 들었던 그 순간들이 문득 문득 떠오른다. 그리고 아무도 옆에서 듣고 있지도 않은데, 조용히 속으로 속삭인다. 지금은 아주 약한 혼자만의 바람일 뿐이지만, 이 바람이 씨앗이 되어서 짙은 초록의 웅장한 숲이 될 거라고. 꼭 그렇게 될 것이라고, 혼자 듣고 되새기는 조용한 희망을 기도한다.

다양한 실험으로 얻어진 '예측할 수 없는' 수채화 기법
이 책의 그림을 그렸던 시기는 14년 전 대학원 시절이었다. 끝도 없는 습작으로 나만의 수채화 기법을 발견하겠다며 '비'를 가장 적절한 소재라고 생각했고, 주제와 이야기도 없이 머릿속에서 떠오르는 장면을 모두 스케치북에 담아냈다. 종이에 빗물 자국이 스며들지 않고 그 위로 또르르르 흘러내리다가 그대로 멈췄으면 좋겠다, 어떻게 멈출 수 있을까? 종이 위에 니스와 투명 매니큐어를 바르고 OHP 필름지를 살짝 붙여본다. 그렇게 투명한 레이어를 만들고 그 위에 하얗고 푸른 빗물을 마음껏 그리면, 그림과 필름지 사이에 빗물과 함께 옅은 그림자가 드리워 졌다. 내가 손으로 그려낼 수 없는 비 그림자가 스캔할 때마다 무작위로 다른 농도로 얻어졌다. 어느 페이지에서는 방금 꺾은 나뭇가지의 향처럼 짙은 풀 향기가 나기를 바라면서, 길에 떨어져 있던 나뭇잎을 말려서 붙였다.
머릿속에 떠오르는 끊어진 장면들을 반복해서 그리고 또 그려냈다. 스케치북을 몇 권을 채우고 나서야 알게 되었다. 그림은 모두 흐릿했던 기억을 붙잡고 싶어서 시작되었다는 것을. 비를 그리면서 정말 즐거웠다. 손가락의 긴장을 풀고, 잘 그리는 것보다 편안하고 자유로운 감정을 담는 것에 집중했다. 작가의 말에도 적었지만, 그림을 그리다가 지칠 때마다 나는 이 책을 책장에서 꺼내 보게 될 것 같다. 이 풋풋한 초록의 기쁨들이 엮인 책을.
많은 양의 습작과 들인 에너지에 비해 이 책에 대한 출판사들의 의견은 부정적이었다. 아이 둘이서만 폐허가 된 맥주 공장으로 놀러 간다는 것이 다소 위험해 보인다는 의견과 주제가 뚜렷이 드러나지를 않는다며 우려를 표했다. 당연했다. 이렇게 많은 습작을 그려내면서도 나조차도 내가 하고 싶은 이야기가 무엇인지 명확하게 한 줄로 써내지 못했던 것을 생각해 보면, 그 출판사들의 혼란이 지금은 이해가 된다. 그때의 나의 미숙함이 얼마나 다행인지. 지난 14년간, 이 그림을 바라보는 나의 눈과 마음이 많은 변화가 있었고 이제는 조금은 더 편안하게 풀어내고 이야기할 수 있게 되었기 때문이다.

끝도 없는 습작으로
나만의 수채화 기법을
발견하겠다며
'비'를 가장 적절한
소재라고 생각했고,
주제와 이야기도 없이
머릿속에서 떠오르는 장면을
모두 스케치북에 담아냈다.

종이에 빗물 자국이
스며들지 않고 그 위로
또르르르 흘러내리다가
그대로 멈췄으면 좋겠다,
어떻게 멈출 수 있을까?

스케치북을 몇 권을 채우고 나서야 알게 되었다. 그림은 모두 흐릿했던 기억을 붙잡고 싶어서 시작되었다는 것을. 비를 그리면서 정말 즐거웠다. 손가락의 긴장을 풀고, 잘 그리는 것보다 편안하고 자유로운 감정을 담는 것에 집중했다.

누구나 품고 있는 '도망쳤던 숲', 그 안에서 들풀처럼 성큼 자라나는 아이들

나에게는 이 책에 그려진 숲은 보이는 그대로 초록의 숲, 그 자체가 아니다. 공장 옆 오동나무 숲은 책에 그려낸 만큼 크거나 웅장하지 않았다. 어떤 리뷰에서 이 그림책을 '천 개의 초록'이라고 써주셨다. 나는 왜 이렇게 깊은 초록을 담은 숲을 그려내야 했을까?

나에게 숲은 어른이 되고 나서 뒤돌아본 어린 시절의 끝을 모르고 뻗어가는 한없이 커다란 희망이자 꿈이기 때문이다. 길벗어린이에서 2024년 4월에 출간된 《어쩌다 보니 가구를 팝니다》에 이루지 못한 자신의 꿈을 찾아 떠나는 곰 사원에게에게 성실하고 우직하게 자리를 지켜내는 개 사원이 이런 말을 한다. '모두가 다 꿈을 가지고 그 꿈대로 사는 건 아니야. 누군가는 이렇게 나처럼 살아가. 주어진 삶을 충실하게 지켜나가는 것도 꿈을 꾸는 것만큼 아름답다는 걸 이제는 알 것 같아.' 우리는 숲 안에서 자유롭게 뛰어놀았던 시간을 뒤로 하고, 예상했던 것보다 너무 빠른 속도로 커버렸고, 그러다 무언가를 놓치고 포기하며 그렇게 어른이 되었다. 살다가 어떤 날, 아, 어릴 때 나는 그런 삶을 살고 싶었는데. 그렇게 아쉬움과 쓸쓸함을 안고 뒤돌아보는 날들이 있다. 그러다가도 지금의 내 자리에 나름의 의미와 가치가 있다는 것을. 이곳으로 오기 위해 그런 싱그러운 초록의 꿈이 있었던 것이라고 웃음 짓는 평화도 있다.

비 오는 날을 싫어했던 새침한 아이는 처음에는 비 내리는 하늘을 보지 못한다. 눈에 빗물이 들어가는 것이 지저분하고 싫다. 그런 아이가 무릎에 진흙이 묻어도 참아내며 첫 번째 담장 속으로 기어 들어가며 모든 일들이 시작된다. 더럽고 불완전하며 꺼려지는 현실. 슬픔과 고통이 따라올지라도 그 현실을 무릎으로 디뎌내며 부딪히는 소녀의 모습은, 순수함 만으로는 얻어낼 수 없는 아픈 성장의 과정이다. 담장 속 세상은 낯설고 신비롭고 때로는 무섭기까지 하다. 그곳에서 이전에는 보지 못했던 것을 보고, 냄새 맡고, 듣고, 깨닫게 되면서 소녀는 자기도 모르는 사이, 새로운 세상을 볼 수 있는 다른 아이가 된다. 유년 시절의 모든 순간에 누군가 항상 옆에서 아이를 지켜줄 수는 없다.

나의 어린 날은 항상 유쾌한 기억으로 채워져 있지 않았다. 어떤 날은 예민한 내 감정과 기억이 차라리 사라져 버렸으면 하는 날도 있었다. 그런 사건은 부모님이나 다른 사람이 대신 겪어줄 수는 없는 것이었다. 최근 아이들이 학교에서 데리고 온 소라게를 키우면서 탈피하는 과정을 지켜보았다. 안타깝게도 몇 달을 함께 살았던 소라게는 탈피를 성공하지 못하고 껍질에 갇혀서 죽고 말았다. 성장을 한다는 것은, 자신의 껍질을 깨고 나와 연약한 맨살을 드러내는 것이구나. 그렇게 절실하고 위험한 거구나. 위태로운 동시에, 그 순간이 가장 큰 기회인 것이다.

다른 존재로 성장할 수 있는 기회. 참 쓸쓸한 일이지만 어떤 성장은 온전히 혼자서 부딪히고 상처가 나는 순간들에서만 생기기도 한다는 것을, 인생은 그렇게 지극히 개인적인 것이라는 것을, 어른이 된 지금 조금씩 조금씩 배워 가고 있다. 그러므로 우리는 이 조금은 위태로워 보이는 두 아이의 모험을 기쁘게 응원해야 한다. 모험을 끝내고 돌아온 소녀는 다시 비가 오는 날에, 더 이상 겁을 내지 않고 휘휘 돌아가는 검은 하늘을 똑바로 지켜볼 것이다. 이전과는 다른 눈빛과 힘으로. 비가 내린 후 훌쩍 자라난 들풀처럼, 아이들은 자신도 모르는 새 성큼 자라나 버린다.

큰 용기를 내어 앞으로 한 발자국 걸음을 디딜 때, 옆에서 발걸음을 맞추어 함께 걷는 사람들이 있었으면. 어떤 방향도 정해지지 않은 길에서 편한 신을 신고 걸으며 눈에 닿는 모든 풍경을, 하늘과 구름, 길, 스쳐 지나가는 바람, 나뭇잎과 나무 위에 올라가 있는 크고 작은 새집. 그런 것을 바라볼 때 어떤 생각이 드는지, 그 작은 마음의 움직임, 그 시작과 끝이 무엇인지. 특별한 쓰임새도 없는 단어들, 그런 사소한 것이 궁금하고 기억을 함께 붙잡고 싶어지는 참 귀하고 드문 대화. 외로운 우리의 날들에 어쩌면 그 접점의 순간만이 반짝하고 짧게 빛을 내는 것이 아닐까?

진실한 대화를 나눈다는 것은 서로 안에 잠자고 있던 작은 돌을 소중하게 매만지고 닦아 빛을 내는 일이다. 그러다가 그 빛이 너무 따뜻하고 포근해서 계속 그저 파묻혀 있고 싶어진다. 계속 닿아 있으면 서로 닮아지기라도 할 것처럼. 때로는 그게 정을 쪼는 것만큼 아프고 고통스러운 일이라 소라게의 탈피처럼 위험하고 실패도 따를 것이다. 그렇다고 해서 그 변화를 피하기만 한다면, 충만한 시간이 지나가는 줄도 모르고 헛되게 흘려보내는 것이다. 빗물처럼 예측할 수 없는 방향으로 번져가는, 무지개처럼 다양한 빛을 내는 무한한 사람으로 다시 태어날 수 있는 충만한 시간을.

나는 자연과 동물에 대한 사랑과 개인적이고 내면적인 것. 그것을 나누며 변화하는 감정과 성장에 늘 끊임없는 호기심이 생긴다. 내년에는 길벗어린이 출판사와 현대인의 고독과 외로움, 회복을 이야기하는 그림책을 기획 중이다. 책을 한 권 마무리할 때, 내 인생의 큰 질문들이 하나씩 서툰 대답을 한다. 그리고 그 과정에서 만나는 모든 대화가 깊은 위로가 되어 주고 있다. 14년 전에 해결되지 않았던 질문이 《비가 내리고 풀은 자란다》로 나름의 답을 얻은 기분이다. 또 새로운 질문을 하고 나만의 대답을 천천히 찾기 위해, 다음 걸음으로 시선을 던져 본다. 그렇게 부지런히 글을 쓰고 그림을 그리며 하루하루를 살아가기를 희망한다. 후회를 남기지 않고 충분히 만족할 수 있도록.

이수연 | 영국 Camberwell college of arts에서 일러스트레이션 MA과정을 공부했다. 외로운 사람들의 마음에 위로와 공감을 주는 책을 만들고 싶다. 한겨레 교육에서 그림책과 그래픽노블 스토리텔링 수업을 하고 있다. 쓰고 그린 책으로 《비가 내리고 풀은 자란다》《달에서 아침을》《어쩌다 보니 가구를 팝니다》《나를 감싸는 향기》가 있으며, 《내 어깨 위 두 친구》로 2023 White Ravens에 선정되었다. 그린 책으로 《고릴라의 뒷모습》《많은 사람들이 바다로 가》《우리 마을에 온 손님》 등이 있으며, Asian Festival of children's content 〈Lit Up〉 2022 공모전에서 《너는 나의 모든 계절이야》로 선정되었다. 《커다란 집》으로 2025년 볼로냐라가치 The BRAW Amazing Bookshelf에 선정되었다. dPICTUS 에서 주관하는 100 Outstanding Picturebooks 2025에 《많은 사람들이 바다로 가》가 선정되었다.

⟨정원에서 만나는 세상⟩

그림책을 닮은 집

사계절 자연 놀이터를 품은 민토리숲을 소개합니다!

그림책《정원에서 만나는 세상》은 사계절 아름다운 자연과 그 속에서 마음껏 놀이하고 상상하고 사색하며 자연을 즐기는 어린이들의 모습이 그려진 글 없는 그림책이에요. 그런데 아이들이 자연을 만나는 공간이 매우 인상적이에요. 바로 세 어린이가 살고 있는 집의 정원이랍니다.

《정원에서 만나는 세상》
이레네 페나치 글·그림, JEI재능교육(재능출판)

이른 봄 세 아이가 나란히 정원으로 향해요. 나무 사이에 멋진 천막을 치고 부엌도 만들어요. 작은 새들이 아이들의 놀이 공간으로 찾아옵니다.

아이들은 꽃과 풀, 나무와 열매, 곤충과 동물이 함께하는 아름다운 자연 놀이터에서 마음껏 새봄을 즐깁니다. 초록의 여름이 오고, 바사삭 낙엽이 쌓이는 가을이 지나면 하얀 눈이 정원을 덮어요.

아이들은 창밖을 내다봅니다. 곧 새봄이 오겠죠? 이레네 페나치 작가는 정원에서 가족들과 느꼈던 행복한 기억으로 이 책을 그렸다고 해요. 상상력을 발휘해 정원의 온갖 것들에서 새로운 놀이를 찾고 탐험 거리를 만들어 내었을 작가의 어린 시절이 상상됩니다. 이런 환경에서 어린 시절을 보낸 덕분에 자연과 놀이로 가득한 멋진 그림책을 만든 작가가 되었지 않았을까요?

**책을 보는 내내 그림책 속 멋진 풍경과 꼭 닮은 노란 집이 생각났습니다.
포천의 광릉 수목원 근처 정원보다 더 멋진 숲을 품은 집입니다.
이 집에는 1년 12달 바쁜 두 아이가 살고 있습니다.
두 아이는 봄, 여름, 가을, 겨울 때마다 발견해야 하는 것들,
만나야 하는 것들, 탐험해야 하는 것들이 가득해 심심할 겨를이 없답니다.
과연 이 아이들은 어떤 1년을 보내고 있을까요?**

글_김혜미

안녕하세요! 저는 9살 이수예요. 우리 가족은 4명이에요.
엄마 아빠, 동생 지우 그리고 바로 저!
우리 가족은 '민토리숲'이라고 불리는 숲 속 노란 집에서 살고 있어요.
우리 엄마 아빠는 아이들과 숲을 좋아해서 숲 선생님이 되었대요.
그래서 조용한 숲 속에 민토리숲을 짓고,
아이들과 매일매일 자연 속에서 신나게 노는 유치원을 했었어요.
지금은 유치원을 하지 않지만, 그 덕분에 아이들이 지내기에 넓고 편하고,
정말 신나게 여행할 수 있는 곳이 되어 많은 가족들이 놀러 오고 있어요.

우리 집에는 따뜻한 침대방, 재미있는 그림책이 많은 책방, 따뜻한 나무 놀잇감이 가득한 놀이방이 있고, 마당에는 모래 놀이터랑 닭장도 있어요. 아침마다 닭장에서 어미 닭이 낳아준 따끈따끈한 달걀을 꺼내 와서, 바로 삶아 먹으면 정말 고소하고 맛있어요. 내가 직접 꺼낸 날은 더 맛있게 느껴져요!

봄에는 아빠랑 내가 같이 심은 예쁜 꽃들이 많이 피어요. 내가 태어났을 때 심은 뽕나무는 이제 나보다 훨씬 키가 크고 굵어져서, 내가 올라가도 끄떡없어요.

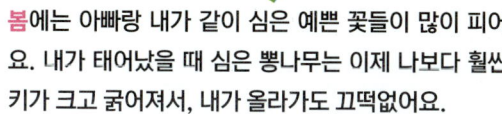

여름에는 깨끗하고 시원한 계곡물에서 물놀이를 할 수 있고, 달콤한 산딸기랑 보리수 열매를 따 먹을 수도 있어요. 신기한 곤충들도 진짜 많이 만날 수 있는데요, 저는 어릴 때부터 곤충들과 친하게 지내서, 무당벌레를 손 위에 올려놓고 놀기도 해요. 바위 밑 개미지옥을 들춰보며 개미귀신을 찾는 놀이도 정말 좋아해요. 우리 반 친구가 제가 개구리를 척 하고 잡는 걸 보고 깜짝 놀랐다고 말해줬어요.

저는 **비**를 맞으면서 숲에서 노는 것도 좋아해요. 비 오는 날 숲에 나가면, 나뭇잎에서 떨어지는 빗방울이 '톡톡'하고 소리를 내요. 물웅덩이에서 첨벙첨벙 장화 신고 뛰노는 게 정말 재미있어요. 비 오는 날만 들리는 소리도 있고, 냄새도 더 진해져서, 나는 비 오는 숲도 참 좋아해요.

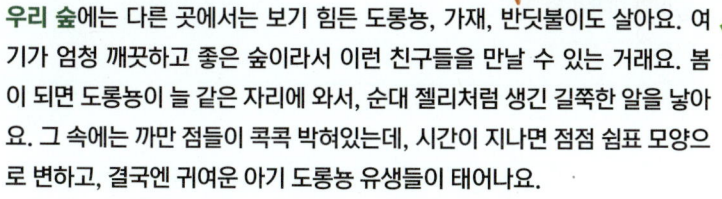

우리 숲에는 다른 곳에서는 보기 힘든 도롱뇽, 가재, 반딧불이도 살아요. 여기가 엄청 깨끗하고 좋은 숲이라서 이런 친구들을 만날 수 있는 거래요. 봄이 되면 도롱뇽이 늘 같은 자리에 와서, 순대 젤리처럼 생긴 길쭉한 알을 낳아요. 그 속에는 까만 점들이 콕콕 박혀있는데, 시간이 지나면 점점 쉼표 모양으로 변하고, 결국엔 귀여운 아기 도롱뇽 유생들이 태어나요.

가재는 집게발이 6개나 있는 거 아세요? 큰 집게발 2개 말고도, 밥 먹을 때 쓰는 작은 집게발이 4개나 더 있어요. 그리고 집게가 떨어져도 시간이 지나면 다시 자란대요. 그게 너무 신기해요! 여름이 시작될 때쯤, 우리 가족은 집 안에 불을 다 끄고 뒷산으로 올라가요. 그러면 반짝이는 불빛들이 날아다니는 걸 볼 수 있는데, 그게 바로 반딧불이예요. 반딧불이 꼬리에서 진짜로 빛이 나는 걸 보면 언제 봐도 너무 신기하고 재미있어요!

사실 이런 이야기는 다 우리 아빠가 해준 거예요. 우리 아빠, 도토리 선생님은 숲에 대해 모르는 게 없는 척척박사라서, **나무**랑 **곤충** 이야기를 정말 재미있게 들려주거든요!

우리 엄마, 민들레 선생님은 숲의 아름다운 것들을 발견할 수 있게 도와주세요. 봄, 여름, 가을, 겨울 내내 숲의 멋진 **향기**와 다양한 **소리**를 찾아볼 수 있는 시간을 만들어주시는데요, 특히 **가을**에 낙엽 밟는 소리를 마이크로 들어보면, 감자칩 먹는 소리처럼 들려서 정말 재미있어요!

엄마는 저에게 꽃, 나뭇잎, 나무껍질, 뿌리, 열매, 씨앗, 그리고 향기를 하나하나 소개해주세요. 저는 뿌리 향기가 제일 좋아요. 나무를 단단하게 붙잡고 있는 뿌리의 향기에서 진짜 강한 힘이 느껴지거든요. 잠자기 전에 엄마랑 같이 만든 향기 오일을 바르고, 제가 직접 녹음한 민토리숲의 소리를 들으면 꿈속에 숲 속 요정이 찾아올 것 같은 기분이 들어요.

우리 집 마당에는 따뜻한 난로집이 있어서 **겨울**에도 눈놀이를 실컷 할 수 있어요. 눈사람을 만들다가 손이 시리면 화목난로 앞에서 몸을 녹이면서 모닥불 앞에서 군고구마를 구워 먹는데, 그 맛이 정말 꿀맛이에요! 우리 집은 사계절 내내 신나고 재미있는 일이 가득해요! 진짜 숲은요, 봄이랑 여름이랑 가을이랑 겨울까지 다 놀아봐야 알 수 있어요!
언제 와도 재밌는 우리 집으로 놀러 오세요!

◉ 이수가 들려주는 우리 집 이야기는 엄마 김혜미 님께서 정리해 주셨어요.

이수네 집 '민토리숲'은 어린이와 가족을 위한
스테이 공간과 숲 체험 프로그램도 운영하고 있어요.

◉ 주소 : 경기 포천시 내촌면 말울이길 76
◉ 인스타그램 : www.instagram.com/mintoryforest

그날이 오기 전까지는

그림책, 지구를 생각하다

우리는 지금, 《딱 알맞은 집》에서 살고 있을까?
신순재, 은미 작가 인터뷰

글_임서연

사이 좋은 할아버지와 할머니가 둘이 살기 딱 알맞은 집에서 살고 있었다. 그러던 어느 날 탐험가 할머니가 밖에 나갔다가 동물들을 한 마리, 한 마리 데려오기 시작한다. 고릴라, 코끼리, 북극곰, 급기야 대왕고래까지! 할머니와 할아버지의 집에서 모두 함께 살 수 있을까?
집으로 표현된 한정된 공간, 지구의 현재를 생각하며 그림책을 읽는다. 언젠가 우리도 할아버지와 할머니처럼 지구를 떠나야 하는 건 아닐까?

《딱 알맞은 집》
신순재 글, 은미 그림, 노란상상

이 이야기는 어떻게 시작되었나요?

신순재 / 이 그림책의 씨앗은 지금부터 20년 전으로 거슬러 올라가요. 신문에서 작은 기사를 봤어요. 야생동물 보호 단체에서 일하는 어떤 아저씨가, 다치고 길 잃은 야생조류들을 구조해서 자기가 사는 17평 아파트에서 치료하고 임시로 보호해 줬다는 기사였어요. 주로 야생조류들이었는데 그 중엔 수리부엉이 같은 맹수도 있었어요. 그 작은 집에 어떻게 동물들이 모여 살았을까 상상하게 되고, 다친 새들을 그대로 두고 올 수 없었던 아저씨에게 특히 마음이 갔어요. 하지만 글을 쓰진 못하고 이야기만 마음에 간직하고 있었지요.

그러다가 어느 날 문득 이런 생각을 해 봤어요. 오래전에 지구에서 사라진 공룡들은 정말 사라진 것일까? 어딘가에서 우리 인간들 모르게 모여 살고 있는 것은 아닐까? 거기서부터 시작된 생각은 꼬리에 꼬리를 물고 이어졌지요. 우리가 코끼리나 고릴라를 보지 못하게 될 수도 있을까? 산책길에서 자주 마주치는 까치, 달팽이가 정말 사라져 버릴 수도 있을까?

그런 슬픈 상상을 하면서, 다친 야생 조류들을 그냥 두고 올 수 없어서 자기의 17평 아파트에 데리고 돌아왔던 아저씨를 떠올렸어요. 그리고 이 이야기가 만들어졌어요. 아저씨는 노부부로 바뀌고 17평 아파트는 작은 집으로 바뀌었지만, 이야기의 씨앗은 거기서부터였어요.

할아버지와 할머니 캐릭터가 만들어진 과정이 궁금합니다.

신순재 / 노부부는 가진 것이 워낙에 적었는데 그마저도 다 내어주는 선량한 사람들이에요. 사람들에 의해 집을 잃은 동물들은 모두 멸종위기종이지요. 멸종위기종이라는 단어가 저는 참 섬뜩한데요, 곧 영원히 사라질 수 있는 존재라는 뜻이잖아요. 그런데 우리는 그 말조차 너무 익숙해진 것이 아닌가 생각이 들어요.

이 작은 집의 주인인 노부부도 어쩌면 위기에 처한 동물들과 같은 처지가 아닐까요? 모두 이 지구에서 소외받는 존재들이죠. 그런데 그들은 서로를 돌보고 품어주고 있어요. 책이 출간되기 직전에 마지막으로 더미를 보다가 저 역시도, 이 선량한 사람들 덕분에 살아가고 있는 생명이라는 생각이 들어서 뭉클했던 기억이 나요.

옛이야기의 구조를 딴 이야기라 처음 원고에는 할아버지와 할머니의 역할이 지금과 달랐어요. 그런데 최현경 편집자가 역할 바꾸기를 제안했어요. 옛이야기의 틀을 가져왔지만, 전통적인 할머니와 할아버지의 역할을 바꿔보자는 거였고, 저도 더 현대적이고 재미있는 이야기가 만들어질 것 같아 다시 썼어요. 거기에 그림 작가는 할머니에게 아예 탐험가의 모습을 입혀 주셨지요. 덕분에 무척 매력적인 캐릭터가 만들어진 것 같아요. 그림책을 만드는 과정은 이렇게 공동 작업의 즐거움이 있지요.

은미 / 우선 할머니와 할아버지의 캐릭터 성향은 신순재 작가님과 편집장님의 기본 설정이 있었습니다. 할머니는 외향적이며 활동적이고, 할아버지는 내향적이고 섬세한 성격으로 설정이 된 글을 읽고 구체적인 캐릭터의 모습을 상상하여 살을 덧붙여 이미지화했습니다. 재미있었던 지점은 저희 부부가 주인공 노부부와 닮은 점이 많다는 점이었습니다. 저도 할머니처럼 호기심 많고 밖에서 많은 것을 주워 오고 (물론 생명이 없는 것들만 주워 옵니다) 남편은 할아버지처럼 부드럽고 요리를 잘하는 섬세한 사

람이랍니다. 그래서 우리 부부가 나이가 든다면 이러지 않았을까 하는 느낌으로 캐릭터를 디자인했습니다. 할머니는 탐험가, 캠핑, 스킨스쿠버 등을 좋아하는 활동적인 캐릭터, 할아버지는 요리, 뜨개질, 정원 가꾸기를 좋아하는 섬세한 캐릭터로 더욱더 살아있는 캐릭터로 상상하며 그림책 내용 안에 자연스럽게 스며들어 재미를 줄 수 있는 요소로 넣었답니다.

마지막에 아주 작고 작은 달팽이가 집에 들어오려고 하자, 집이 우당탕 소리를 내며 다른 공간으로 이동하게 됩니다. 마지막 동물을 가장 작은 달팽이로 정한 특별한 이유가 있을까요?

신순재 / 이 책은, 북극곰, 코끼리, 대왕고래까지 집 안으로 들어올 수 없을 것 같은 동물들이 집 안으로 들어와 노부부와 함께 사는 이야기예요. 그게 어떻게 가능하냐고요? 제가 좋아하는 그림책 중에 《장갑》이라는 책이 있어요. 조그만 장갑 속으로 동물들이 들어가서 한겨울 추위를 피하는 이야기지요. 조그만 장갑에 생쥐도 들어가고 여우도 들어가요. 그림책이기 때문에 가능한 판타지인데 저도 그런 이야기를 쓰고 싶었어요. 그래서 옛이야기의 반복 구조를 가져와 동물들이 작은 집에 하나씩 늘어나는 과정을 담고, 점점 더 큰 동물들이 들어오게 해서 점층의 재미를 주었어요.

대왕고래가 와도 끄떡없던 집이 아주 작은 달팽이가 들어오면서 터져버리는 것은 우선 구성상으로 반전을 꾀하려는 시도였어요. 반복과 점층의 구조로 고조되다가 찾아오는 반전은 의외의 즐거움을 주지요. 페이지를 넘기며 보는 그림책에서만 누릴 수 있는 즐거움이고요. 그런데

왜 달팽이냐고요?
달팽이는 인간보다 먼저 지구에 도착했고 지금도 느린 걸음으로 지구에 흔적을 남기고 있어요. 아주 작고 연약해 보이는 달팽이에게 아주 긴 시간의 두께가 쌓여 있어요. 그런 달팽이라면 집을 잃은 노부부와 동물들에게 힌트가 될 수 있을 것 같았어요.
집이 터지고 나서 달팽이가 보름달을 물끄러미 쳐다보는 장면이 있어요. 달 속에 집의 실루엣이 보이고, 그걸 본 달팽이는 잊고 있던 집을 떠올리죠. 처음에 할머니가 데리고 온 달팽이는 집이 없거든요. 지금은 지구에서 볼 수 없는 공룡, 도도새 등이 살고 있는 행성은 어쩌면 우리가 잊고 있던 집인지도 모르겠다는 생각이 들어요.

책 속, 딱 알맞은 집은 모두 모여 따스하게 잠을 자기도 하고, 맛있는 음식도 먹고, 책 읽기도 그림 그리기도 하는 편안한 공간인데요. 두 작가님께 집은 어떤 공간일까요?

신순재 / 몇 해 전에 옛날 사진을 봤어요. 초등학교 2학년쯤 된 제 사진이었는데, 마루에 있던 붙박이 진열장 벽 앞에서 포즈를 취했더라고요. 네 칸 정도 되는 장식장에는 도화지로 만든 빌딩, 찰흙으로 빚은 거북선, 낡은 인형들이 놓여 있었어요. 거북선은 얼굴이 깨지고 인형들은 손때가 꼬질꼬질했는데, 엄마는 그걸 보기 좋게 진열하느라 정성을 쏟은 것 같았어요. 일일이 먼지를 닦고 오늘은 이렇게, 내일은 저렇게 자리도 바꿔가면서 소중하게 다뤘을 거예요. 그 진열장 하나로 기억났어요.
방금 집안을 둘러봤어요. 아무렇게나 굴러다니는 솔방울(여름마다 바닷가 솔숲에서 주워 오죠.)을 가지런히 진열하고, 내친김에 붓에 흰 물감을 묻혀서 톡톡 찍어 눈 내린 솔방울을 만들어 소중하게 올려놨어요. 집에 있는 것들은 모두 낡아가겠죠. 식탁도, 의자도, 문도, 집 자체도요. (물론 저도요.) 보잘것없고 평범한 것들이지만, 우리가 추억을 묻히고, 가치를 부여하면 그것들은 특별한 존재가 될 수 있지 않을까요? (물론 저도요.) 저의 집이 엄마의 진열장 같은 집이 되었으면 좋겠어요.

은미 / 저에게 집은 가장 안전하고, 가장 편안하고 긴장을 풀 수 있는 곳입니다. 집은 작은 단위로 하면 영혼의 집인 몸이 될 수도 있고 안전하고 편안하게 긴장을 풀 수 있는 곳이 많아지고 넓어진다면 수많은 생명이 모여 사는 지구일 수도 있겠다 생각합니다. 집이 불편한 사람 있다면 얼마나 힘들까요? 안전한 집이 없는 생명체는 얼마나 불안할까요? 생명이 존재할 수 있게 하는 가장 기본적인 욕구를 충족시켜 주고 집이 없다면 존재 자체가 힘들어지는 공간을 넘어선 필수적인 요소라는 생각을 합니다.

이 책의 내용을 그림으로 표현할 때 가장 중점을 둔 부분은 무엇인가요?

은미 / 《딱 알맞은 집》은 미술 재료를 혼합해서 사용하고 다양한 질감의 종이를 덧붙여 이미지를 만드는 콜라주 기법을 사용해 작업했습니다. 다양한 동물들이 반복되면서도 조금씩 다른 형식으로 등장하게 되는데 지루하지 않게 작은 재미를 주려고 색과 구도를 고심하며 이미지를 만들었습니다.
동물들의 다양한 모습을 여러 번 그리고 연습하며 단순하지만 그 동물을 잘 표현할 수 있는 형태를 그리고자 했어요. 각자의 색을 부여해서 개성도 부각하려고 했고요. 특히 그림책 속 모든 이미지는 손으로 자르고 찢고 그린 수작업으로 손맛이 나는 질감을 보여주고 싶었습니다.

《딱 알맞은 집》을 통해 독자에게 가장 전하고 싶은 메시지는 무엇인가요?

신순재 / 많은 동물이 지구에서 사라질 위기에 처해 있지요. 그런데 그건 어쩌면 지구가 그 동물들에게 버림받을 위기라고 보아도 맞지 않을까요? 이 그림책은, 선량한 생명들에게서 버림받은 지구를 가상하여 본 판타지 그림책이에요. 재미있고 유머러스한 구조로 되어 있는 이 책의 결말은 어쩌면 새드엔딩으로 읽힐 수도 있을 거예요. 어쨌든 노부부와 동물들은 딱 알맞은 집을 떠나야만 했으니까요.
그 점에 대해서 아이들이 어떻게 바라볼까 사실은 고민이 많았어요. 그런데 이번에도 편집자와 많은 이야기를 나눈 끝에 지금의 결말을 갖고 가기로 했지요.

따뜻한 온기를 품고 있던 할아버지와 할머니가 있었기에 이 책의 결말이 한층 더 쓸쓸하게 느껴질지 몰라요. 하지만 거꾸로, 결말이 쓸쓸한 만큼 할아버지와 할머니가 품고 있는 온기가 더욱더 따뜻하고 절실하게 느껴진다고 생각할 수도 있지 않을까요?
살던 집을 떠나야 했던 할머니, 할아버지를 걱정하는 아이들도 있을 거예요. 그렇지만 할머니 할아버지는 우주 어느 곳에서든 자신들에게 딱 알맞은 집을 찾았을 거라고 전 생각해요. 그리고 그 집의 작은 창가에서 지금도 따뜻한 차를 사이좋게 나눠 마시고 계실 것 같아요. 비록 저 멀리 떠나온 집과 남겨진 것들을 생각하며 쓸쓸할 때도 있겠지만요. 따뜻한 이야기로도, 서늘한 이야기로도 읽을 수 있는 이 이야기가 독자들에게 어떻게 다가갔을지 궁금합니다.

은미 / 《딱 알맞은 집》의 그림 작업을 하면서 제목을 자주 생각했습니다. '딱 알맞다'와 '집'이란 단어를 곱씹으며 충분함을 느끼는 능력과 누구나 가져야 할 필수적인 안전함 그리고 연민에 대해 생각했습니다. 우리가 가지고 있는 것을 충분하다고 생각할 수 있다면 욕심을 절제할 수 있고 생명에 대한 연민의 마음이 우리의 사랑할 수 있는 능력을 키워주는 것 같았습니다. 딱 알맞다고 생각하는 모든 것에 감사하는 마음이 많았던 할아버지와 할머니의 품을 우리가 배운다면 멸종될 위기에 처한 동물들을 지키고 우리를 지킬 수 있지 않을까요?
지구라는 멋진 집에서 많은 생명체와 안전하게 딱 알맞게 지내고 싶습니다.

어린이 환경 프로젝트
'지구는 모두 함께 사는 집'

우리가 살고 있는 지구는 어떤 곳일까요? 어린이 신문 <바람소리> 기자단으로 활동하고 있는 15명의 어린이들과 함께 알아보았습니다.
먼저 지구의 다양한 환경을 조사했어요. 숲과 산, 강과 바다, 호수, 사막, 화산, 도시 등 지구 안에는 여러 모습이 있었어요. 또 지구에 살고 있는 다양한 생물들도 조사했어요. 수많은 생물들이 지구 곳곳에서 우리와 함께 살아가고 있었어요.
다음으로 벽에 여러 생물들이 모여 사는 '커다란 집'을 그렸습니다. 이 집의 이름은 지구! 지구에는 여러 방이 있는데, 가장 큰 방은 '바다 방'이었답니다. 지구의 여러 환경들을 방으로 표현한 거예요. 방의 주인은 그곳에서 살아가는 생물들이에요. 포스트잇을 활용해 이름을 적거나 그림을 그려 방에 붙여 주었지요. 멸종된 생물들을 위한 '기억의 방'과 멸종위기종을 위한 '보호의 방'도 함께 만들었어요.
마지막으로 어린이들은 그림책 《딱 알맞은 집》을 읽고 우리 모두에게 '딱 알맞은 지구'는 어떤 곳일까를 함께 생각했어요. 그리고 신순재, 은미 두 작가에게 궁금한 것들을 물었습니다. 다음은 어린이들의 질문과 이에 대한 두 작가의 답변입니다.

알맞은 집을 찾아 우주로 떠난 할아버지 할머니가 새로 지은 집은 어느 행성인가요?

신순재 / 안 그래도 책이 출간된 뒤에 할아버지 할머니가 사는 곳이 어디냐고 물어보는 사람이 있었어요. 지구에선 볼 수 없는 공룡들이 사는 곳이니 자기도 가고 싶다고요. 저도 책에서만 본 도도새가 얼마나 큰지 직접 가보고 싶긴 해요. 하지만 할아버지와 할머니가 사는 집이 우주 어디쯤인지 저도 몰라요. 할아버지 할머니가 확실하게 말해주지 않고 떠나셨거든요. 그림책에서 달팽이가 달을 보고 집을 떠올린 것을 보고 달이냐고 묻는 사람도 있었지만, 그날 이후로 아무리 달을 쳐다봐도 달팽이 그림자가 안 보이니 그건 아닌 것 같고, 또 알다시피 우주는 무지무지하게 크고 넓으니까 쉽게 찾아내긴 어려울 것 같아요. 하지만 분명한 건 이 우주 어딘가에 할머니 할아버지의 딱 알맞은 집이 있다는 것! 그건 확실해요.

할아버지 할머니 집을 찾아온 동물 중 작가님은 누구와 가장 같이 살고 싶나요?

신순재 / 고릴라는 그림 그리는 취미가 있더라고요. 그래서 제가 쓴 이야기를 고릴라가 그림으로 그려서 그림책을 내면 좋겠어요. 신순재 글, 고릴라 그림. 이렇게요. 어떤 이야기를 써야 고릴라 마음에 쏙 들지 벌써 궁리가 돼요. 함께 살면서 천천히 알아보려고요.
은미 / 커다랗고 순한 동물을 좋아합니다. 코끼리와 고래 중 고민했지만 역시 고래라는 생각이 드네요. 고래를 그리는 것도 너무 좋아하고 아름다운 생명체인 고래와 함께 살고 싶어요.

저희는 지구를 우리 집이라고 생각하고 기억의 방도 만들었어요. 기억의 방은 지구에서 멸종된 동물들을 기억하는 방이에요. 지구에서 멸종된 동물들이 모여 사는 집도 우주에 만들어 주세요.

신순재 / 이미 여러분이 만들었네요! 그것도 아주 멋지고 정성스러운 집을요. 기억의 방이 모여 있는 집에 무지개비가 내리고 있군요. 무지개처럼 아름답지만, 비처럼 쓸쓸하기도 하네요, 할머니 할아버지가 떠나온 집처럼요. 기억의 방이 있는 집은 우리 마음속에 있을 것 같아요. 컸다가 작았다가 마음대로 바뀔 수 있으니, 마음의 집에 방은 얼마든지 늘어날 수 있겠죠. 하지만, 사라진 동물들을 위한 '기억의 방'은 이제 더 이상 늘어나지 않았으면 좋겠어요.
은미 / 우리 친구들이 만든 기억의 방은 참 멋지지만, 많은 동물의 이름이 적혀 있는 모습은 슬프네요. 친구들이 만든 방처럼《딱 알맞은 집》의 마지막 페이지의 모습이 기억의 별이란 이름이지 않을까요? 기억되지 않고 함께 공존할 방법을 우리가 찾을 수 있다면 좋을 거예요.

설마 할아버지 할머니가 멸종되어서 우주에 간 건 아니죠?(옆에 친구: 에이 설마, 작가님이 그럴 리가 없잖아.)

신순재 / 에이, 설마 제가 그럴 리가 없잖아요?^^ 그러면 할아버지가 키우던 꽃은 어떡하고, 할머니가 떠날 그 많은 모험은 다 어떡하라고요? 할아버지가 걱정되면 집 앞 화단에 나가서 꽃을 쳐다보세요. 할머니가 걱정되면 모험을 떠날 마음을 먹어보세요. 꽃이 예쁘게 피었으면, 여러분이 모험을 떠나고 싶은 마음이 있으면, 할머니, 할아버지는 멸종된 게 아니에요! 확실해요!

할아버지 할머니가 지구를 떠나지 않는 방법은 없을까요?

신순재 / 제 생각엔, 할아버지 할머니한테도 할아버지 할머니가 필요할 것 같아요. 집을 잃은 동물들에게 작은 집을 아낌없이 내어주고 나누어 쓴 할아버지 할머니가 말이에요. 그래서 우리 모두에게 딱 알맞은 집을 만들면 다 함께 살 수 있지 않을까요? 우리가 빨리빨리 할아버지 할머니가 되어야겠다고요? 아니, 아니, 할아버지 할머니의 마음을 먹으면 그걸로 충분해요!
은미 / 우리 영혼이 살고 있는 몸을 씻지 않고 이상한 것을 먹이고 위험한 장소로 데려가는 것이 말이 안 되는 것처럼 모든 생명체가 살고 있는 지구라는 집을 함부로 대하고 망가지게 하는 것은 정말 슬픈 일이에요. 우리가 동물과 식물과 지구와 이어져 있다는 것을 느끼고 함께 살고 있다고 느낀다면 우리 집 지구를 위해 할 수 있는 일들이 정말 많다는 것을 알 수 있을 거예요. 지구를 바라보던 쓸쓸한 할머니 할아버지의 모습이 현실이 되지 않게 지금 내가 할 수 있는 일을 하나라도 한다면 좋겠어요. 작은 행동, 작은 마음들이 모인다면 미래를 바꿀 수 있다고 생각해요.

- ● **프로젝트 지도** 표유진, 권영은
- ● **프로젝트 참여 어린이** 강시윤, 공규빈, 김은호, 박성빈, 박이수, 박하린, 유연서, 윤치호, 오하록, 이수하, 이수호, 이원호, 이하영, 임하늘, 정주아, 천은세, 최다인

Q&A

표유진의 그림책 사전

그림책과 동화책 같을까? 다를까?

한 유명 대학교의 국문학과 교수님 강연을 들었습니다. 그림책에 관한 이야기를 하신다기에 반가운 마음이었죠. 그런데 강의가 시작되고 얼마 되지 않아 마음이 초조하고 불편해지기 시작했어요. 교수님께서 좋아하는 작가로 뽑은 안녕달 작가의 그림책들을 자꾸만 '동화'라고 부르셨기 때문이었죠.

그럼 여기서 자연스럽게 답이 뻔한 질문을 하나 하겠습니다.
그림책과 동화는 같은 걸까요? 다른 걸까요?

강연을 들으며 제 마음이 안절부절못했으니 너무 대놓고 힌트를 드렸지요? 네 맞습니다. 정답은 '다르다'입니다. 하지만 많은 분들이 그림책과 동화를 어린이를 위한 이야기 책이라고 의미화한 뒤 혼용해서 부르곤 하세요. 그래서 이번에 확실하게 정리해 드리겠습니다! 그림책과 동화가 어떻게 다른지 말이죠.

우리가 흔히 보는 많은 종류의 책들이 "글"을 중심으로 만들어졌어요. 그런데 '그림책'은 이름에서부터 조금 다르다는 걸 쉽게 짐작하실 수 있습니다. "책"이라는 명사 앞에 "그림"이라는 명사가 붙는데요. 그 이유는 바로 "그림책"에 있어 그림은 절대, 필수 요소이기 때문입니다.

그림책은 그림과 글이 함께 어우러져 하나의 이야기를 전달합니다. 흔히 24페이지에서 48페이지 내외의 분량에 책을 펼쳤을 때 그림의 비중이 50~70% 이상인 책을 그림책이라고 하는데요. 때로는 100%! 그러니까 그림으로만 이루어진 경우도 있습니다. 하지만 이런 분량보다 더 중요하게 봐야 하는 요소가 있어요.
바로 그림의 역할입니다. 그림책의 그림은 단순히 글을 재현하거나 꾸며주는 용도가 아닙니다. 자기만의 이야기를 가지고 있죠. 글에서는 보여줄 수 없는 부분을 묘사하고 있기도 하고, 상징적 의미를 가지고 있기도 해요. 때문에 글을 읽지 못하는 아이들 역시 그림책 앞에 앉아 진지하게 책을 볼 수 있는 거겠죠. 그림 속에서 이야기를 찾고, 부모님이나 선생님이 들려주는 이야기를 그림에 추가하며 크고 작은 정보들을 모아 한편의 완벽한 이야기를 받아들이니까요.—쉽게 예를 들어 볼게요. 여기 이런 문장이 있습니다.

"그날 밤에 맥스는 늑대 옷을 입고 이런 장난을 했지."

한 번 상상해 보세요. 맥스는 어떤 장난을 하고 있을까요? 맥스가 입은 늑대 옷은 무슨 색일까요? 맥스는 몇 살쯤 되었나요?
이어지는 다음 문장은 이러합니다.

"이런 장난도 했고."

다음에 이어지는 장난은 또 어떤 장난일까요? 맥스는 혼자 있을까요? 맥스는 지금 어떤 표정을 짓고 있나요? 장난이 재미있을까요? 위험하진 않나요?

두 문장은 모리스 샌닥의 《괴물들이 사는 나라》의 서두입니다. 이 책을 본 적이 있다면 장면이 어렴풋이 기억이 나면서 제가 한 질문에 떠오르는 이미지를 더해 대답을 하셨을 테고, 책을 못 본 분들은 정말 자유롭게 상상하며 이런저런 장난들을 떠올리셨을 텐데요. 그럼 이렇게 한 번 감상해 볼까요?

그날 밤에 맥스는 늑대 옷을 입고 이런 장난을 했지.

《괴물들이 사는 나라》
모리스 샌닥 글·그림, 강무홍 옮김, 시공주니어

이런 장난도 했고.

그림이 등장을 했습니다. 이제 다시 질문을 해 볼게요. 맥스는 어떤 장난을 하고 있나요? 우리는 모두 같은 대답을 할 거예요. 그림이 등장함으로 인해 모리스 샌닥이 전하고자 하는 장면이 분명해졌기 때문입니다. 만약 그림이 없었다면 우리는 모두 제각각의 상상으로 작가가 하고자 하는 이야기를 제대로 파악하지 못했을 거예요. 그림책의 그림은 작가와 독자 사이 매우 강력한 의사소통 수단이 되는 것이죠.

그럼 그림책에 있어 글은 어떨까요? 단순히 그림의 보조적인 수단일까요? 혹은 없어도 되는 걸까요? 직관적으로는 시각이미지가 더 강렬하게 독자의 눈을 사로잡지만, 글 역시 그림 못지않게 중요한 역할을 합니다. 글은 이야기가 엉뚱한 방향으로 흐르지 않도록 독자를 안내하는 뼈대 역할을 하고, 그림으로는 설명하기 힘든 등장인물의 속마음이라던가, 대화처럼 그림의 빈 부분을 완벽하게 채워 주어요.

제가 그림책 속 글 중 아주 재미있어하는 한 낱말이 있어요. 안녕달 작가의 《수박 수영장》에 등장하는 낱말인데요. '석석석'입니다. 의성어 같죠? 언제 어디에서 나는 소리일까요? 바로 이때 나는 소리랍니다.

할아버지가 수박 수영장 속으로 걸어 들어가는데 '석석석' 소리가 나요. 언뜻 봐서는 굳이 꼭 글을 넣어야 할까 싶기도 해요. 글자가 없어도 내용을 이해하는 데 크게 어려움은 없으니까요. 그런데 이 '석석석'이라고 하는 세 글자는 아주 놀라운 녀석이랍니다. 바로 우리가 즐겨 먹는 수박의 맛과 향기, 식감을 떠올

《수박 수영장》 안녕달 글·그림, 창비

리게 하거든요. 끈적하지도, 출렁이지도 않는 서걱서걱한 수박의 질감. 만약 '석석석'이라는 글이 없었다면 한여름 시원하게 베어 먹는 수박의 느낌이 그림만으로 충분하진 않았을 거예요.

그림책은 의미를 가진 글과 그림이 서로 보완, 강조, 대립 등 다양한 형태로 상호작용하며 하나의 이야기를 완성하는 책입니다. 이를 두고 《일주일 그림책 수업》에서 채인선 작가는 "그림책은 글과 그림이 함께 추는 왈츠다."라고 말하는데요. 글이 리드를 하고 그림은 율동을 선보이며 아름다운 춤을 만든다고 비유하며, 혼자 추는 것보다 둘이 함께 추는 춤이 더 아름다운 이유를 생각하면 좋은 그림책이 완성된다고 하였지요. 이는 서사를 흥미롭게 보여주는 문학과 묘사를 아름답게 보여주는 그림이 손을 잡고 춤을 추기 때문일 거예요.

그럼 동화책은 그림책과 무엇이 다를까요? 동화의 사전적 의미는 어린이를 위하여 동심(童心), 즉 어린이의 마음을 바탕으로 지은 이야기나 문학 작품을 말해요. 물론 그림책도 어린이를 위해 쓰여진 이야기가 많지만, 그림책은 독자를 어린이로 한정하지 않습니다. 하지만 동화는 다르죠. 어린이를 온 마음 다해 바라보고 있으니까요. 동화는 이 세상에 태어난 순간부터 그러했어요. 우리 모두가 잘 알고 있는 안데르센이 '어린이를 위한 이야기 책'이라고 정의하며 세상에 소개한 게 바로 동화니까요.

여기에 하나 더! 그림책과의 동화책의 구별점이 있습니다. 바로 동화는 글로 모든 걸 묘사한다는 점이에요. 그림책은 어땠나요? 글만으로 이야기가 온전히 전달되었나요? 당연히 아니었죠. 그림이 꼭 필요했어요. 그러나 동화는 그림이 꼭 필요한 건 아니에요. 글이 충분히 주인공의 성격, 상황, 감정, 주변 환경, 사건, 관계, 변화되는 마음들까지 이야기를 이해하고 느끼는데 필요한 모든 걸 전달하니까요. 그럼 여기서 궁금한 게 하나 생기죠? 안데르센의 《미운 오리 새끼》에도, 생텍쥐페리의 《어린 왕자》에도 황선미의 《마당을 나온 암탉》에도 모두 그림이 있어요.

그럼 이 책들은 그림이 있으니 그림책일까요? 간단한 확인 방법이 있어요. 책의 그림을 가리고 글을 읽어 보는 거예요. 장담하건데 세 권 모두 그림이 없어도 이야기를 충분히 이해할 수 있으실 거예요. 동화책에 삽입된 삽화들의 경우 의사전달 수단으로 사용되는 그림책의 그림들과는 달리 책을 재미있거나, 아름답게, 혹은 이야기의 분위기를 조금 더 풍성하게 전달하기 위한 보조 수단으로 사용된답니다.

자, 이제 어떠세요? 딱 정리가 되셨나요? 우리 〈라키비움J〉 가족들은 이제 절대 그림책을 동화책이라고 오해하지 말아요. '그림책'은 '그림책!'이라고 불러 주세요!

이시내의 물성으로 보는 그림책

표지를 펼치면
문해력이 열린다!

생김새가 아무리 뛰어나도 한 철일 뿐 결국 중요한 건 알맹이라고 말합니다. 틀린 말도 아니죠. 하지만 알맹이는 물론 생김새까지 뛰어난 게 당연한 장르가 있어요. 0세부터 100세까지 누구나 편하게 만날 수 있는 그림책이죠. 내용이 좋은 건 당연지사. 만듦새에도 이야기를 꾹꾹 눌러 담은 그림책이 얼마나 많은지 한 번 눈에 보이기 시작하면 푹 빠지고 맙니다.

만듦새가 좋은 그림책이란 물성이 각자 제 몫을 잘 해내면서 미학적 가치까지 품고 있는 책이란 뜻이에요. 그림책의 물성은 유튜브나 오디오 북처럼 만질 수 없는 이야기가 아니라 물리적인 성질을 가진 종이책의 특징을 말합니다. 그림책이 서사와 메시지를 담은 선물 상자라면 물성은 상자의 크기, 포장지, 리본 등 눈에 보이고 만질 수 있는 요소에요. **그림책에서는 표지, 겉싸개, 띠지, 면지, 판형, 책머리, 책등, 가름끈 등을 물성이라 칭합니다.** 제목을 읽고 내용을 나눈 뒤 책을 덮는 게 끝이 아니라 물성에 책의 맥락과 연결하는 재미가 있다면 그게 바로 만듦새가 좋은 그림책이죠. 물성이란 힌트가 담긴 쪽지를 들고 그림책에서 보물을 찾는 즐거움을 쌓다 보면 이제껏 읽었던 모든 그림책을 다시 보게 됩니다. 표지도 펼쳐보고, 면지도 앞뒤로 이어보고, 겉싸개도 벗기고 열어보다 바코드를 보며 까르르 웃는 새로운 감각이 깨어나죠.

2019년 《라키비움J 옐로》부터 물성 기사를 연재했지만, 여전히 "그래서 그림책을 어떻게 읽나요?"라고 묻는 분들이 많습니다. 그래서 예시로 **물성 가운데 기본인 표지와 면지**에 책의 맥락을 잘 살린 그림책을 어떻게 읽고 나누는지 풀어보려 해요. 먼저 기억할 게 있어요. 오롯이 기자가 이 그림책을 읽을 때 물성에 의미를 부여하며 다른 이에게 읽어 주는 방법이라는 거예요. 동감하거나 반대 의견일 수도, 또는 각자의 다른 맥락을 발견할 수 있어요. 그럼, 뭐 어떤가요! 그게 바로 그림책의 매력인걸요!

똑같은 요리 재료로 수천 가지 요리를 만드는 것처럼 물성은 나만의 독서를 완성하는 중요한 열쇠이기도 해요. 꾸준히 책만 읽어준다고 문해력이 자라지 않는다는 말을 들었을 때 '읽는 거 말고 또 뭘 어떻게 하라는 거야?'라고 욱하는 마음이 들었다면 이제 그림책을 읽을 때 이처럼 해보길 추천합니다. 초등학생에게도, 성인에게도 읽어줄 때마다 다들 감탄이 나왔던 그림책. 물성을 한 번 더 살피면 이토록 마음에 이야기가 오래 머무를 수 있다는 걸 알려주는 그림책을 소개할게요.

"이까짓 거!"
《이까짓 거!》는 새로운 구성원을 만났을 때, 누군가와 헤어질 때, 세상에 나 홀로 남겨졌다는 생각이 들 때, 억울하고 화가 날 때, 강의할 때 등 소개하는 그림책입니다. 강의의 현장감을 살려 물성 부분을 이야기하던 순간을 옮겨 봅니다.

《이까짓 거!》는 해마다 아이들을 만날 때 학기 초나 학기 말에 꼭 읽는 그림책입니다. 반 구호로 쓰기도, 응원 문구로로 외치는 책 제목이에요. 초등학생뿐 아니라 성인 대상 강의를 할 때도 소개하고, 서로 낯선 2월에 같은 학년 선생님께도 읽어드리기도 합니다. 대체 어떤 책이길래 그렇게 읽어줄까 싶으시죠? 표지를 같이 봅시다. 노란 하늘 위로 비가 내리고 있어요. 아이는 우산도 없이 빗속을 달려갑니다. 비가 내리는 하늘이 노란색이라니? 왜 노란색일까 싶어요. 어떻게 생각하세요? 맞아요. 어른들은 대부분 황사, 미세먼지라고 답을 하세요.

하하. 그런데 어린이들은 기상천외한 답들이 나옵니다. 해 뜨기 전이요! 노란 꽃비가 내려서요. 오줌이 마려워서요! 등이요. 오줌이 마려워서 빗속을 우산 없이 달려가는 아이. 오~ 진짜 그럴 거 같아요. 표지에 있는 여자아이 얼굴을 자세히 볼까요. 오줌이 마려운 것치고 어때요? 씩 웃고 있네요. 그럼 또 물어봐요. 왜 웃고

《이까짓 거!》
박현주 글·그림, 이야기꽃

있을까? 아이들은 뭐라고 할까요? 이미 쌌어요! (웃음) 맞네. 맞아. 그러면 옷에 오줌이 묻었겠다. 당황스러운데 비가 쏟아져. 옷에 젖어서 티가 안 나겠네. 그래서 웃고 있는 걸까? 진짜 그런 건지 같이 알아보자. 하면서 드디어 책장을 넘깁니다. 책을 읽어줄 때 아이들이 집중 안 하고 굴러다니거나 의자 아래에 들어간다고 고민이 많으시죠. 누군가 갑자기 공짜 영화표가 생겼다고 느닷없이 영화관에 데려다줬다고 생각해 봐요. 영화 시작하기 전 내 마음은 어떨까요? 핸드폰도 하고, 딴짓도 하고, 영화에 기대감이 없잖아요. 시작한다고 해도 딱히 흥미가 생기지는 않아요. 아이들도 그림책을 읽어준다고 "모여봐~."해도 바로 몰입하기 어렵습니다. 분위기 조성이란 게 있죠. 사전에 작가 조사나 책과 어울리는 음악을 틀어주는 것도 좋지만 다른 준비물 없이 그림책 한 권만 있어도 됩니다. 책 표지만 자세히 봐도 이렇게 재밌어요.

"책장을 넘기면 딱딱한 하드보드지로 만든 표지와 얇은 종이로 만들어진 내지를 연결하는 부분이 있죠. 여기를 면지라고 해요."

앞표지를 넘기면 앞면지, 뒤표지와 연결된 부분은 뒷면지죠. 그림책 초창기에는 책의 주요색을 넣거나 비워둔 적이 많지만, 요즘은 어느 하나 허투루 남겨놓지 않고 책을 만드는 모든 이들이 메시지나 재미난 이야기를 숨겨둬요. 이 책의 면지를 볼까요? 비가 내리는 창밖을 한 여자아이가 바라보고 있어요. 모두 수업에 집중하는데 이 아이는 집중하기 어려운가 봐요. 왜일까요? 네. 우산이 없는 거죠. 초판에는 유리창에 꽃잎 하나가 붙어있었어요. 해마다 아이들에게 읽어줄 때 자세히 안 짚고 넘어갔는데 몇 년 전 4학년 아이가 "선생님, 비가 내려서 꽃잎이 떨어졌나 봐요."라고 하더라고요. 유리창이 깨진 줄 알았다는 아이도 있었는데 그 아이 말을 듣고 순식간에 이 책의 계절이 느껴졌어요. 아! 꽃잎이 봄비에 후두둑 떨어지는 계절이구나. 아이들이랑 그림책 읽으면 이런 희열의 순간이 있죠. 그런데 초판 뒤로는 이 꽃잎이 사라졌어요. 왜 지웠는지 작가님 생각이 궁금해져요.

"면지를 넘기면 속표지가 나옵니다. 서지정보도 보고 그 위에 작가의 헌사도 있는지 살피고 넘어가요."

드디어 이야기가 시작됩니다. 딱 한 문장이 나와요. '비가 온다.' 다른 말 없이 아이의 표정과 몸짓으로 어떤 상황인지 알아차립니다. 비슷한 경험이 있다면 나도 저 장소에 있는 듯한 기분이 들 거예요. 아이는 한 어른의 배려심 넘치는 제안을 받아요. 같이 우산을 쓰고 가자고요. 하지만 아이는 엄마가 오실 거라는 거짓말을 합니다. 우산을 나눠 쓰고 가는 친구, 데리러 오는 사람이 있는 친구로 복잡한 문 앞에서 아이는 홀로입니다. 아이 처지에 몰입하신 분도, 양육자의 마음에서 철렁하실 분도 있으시죠. 그런데 작년에 같은 반이었던 준호가 가방을 뒤집어쓰고 빗속을 뛰어갑니다. 어? 어? 아이도 덩달아 달리기 시작해요. 외롭던 빗줄기가 재미난 놀이로 바뀝니다. 그렇게 서로 내기를 하며 이어가다 준호는 학원으로 들어갑니다. 다시 혼자가 된 아이는 어떤 선택을 할까요? 화면 가득 채운 거센 빗줄기. 아이는 씩 웃으며 빗속을 달려갑니다. 이까짓 거! 마음먹으면서요.
또다시 한 어른의 호의가 아이에게 전해집니다. 아이는 괜찮다는 같은 답을 하지만 이번에는 거짓말이 아니에요. 진짜 괜찮아요. 그렇게 빗속을 달리는 아이 마음에는 어떤 감정이 차오를까요? 이까짓 거를 결심하며 빗속을 달리는 경험이 앞으로 아이의 삶에 어떤 양분이 될까요? 어떤 기억이 되어줄까요? 이야기가 끝난 줄 알았는데 마지막 뒷면지를 보니 어라? 달려가는 아이 뒤로 남자아이가 똑같이 빗속을 달리고 있습니다. 이 아이 어디에서 봤을까요? 맞아요. 거기예요. (여러분도 찾아보세요.)

표지

면지

속표지

이제 그림책을 펼쳐 앞표지와 뒤표지를 연결할 차례입니다.

"숲에 길이 생기는 순서를 아시나요? 처음 혼자 갈 때는 길이 아니지만 누군가 그 뒤를 따라가고 그런 사람들이 이어 같이 걸으면 그 방향은 길이 됩니다. 올 한 해 동안 여러분이 무언가를 해보고 싶을 때, 내가 이런 말을 하면 친구들이 이상하게 생각하지 않을까 싶을 때, 나 혼자인 것 같은 기분이 들 때 그때 뒤를 돌아보세요. 여러분 뒤에는 언제든지 네가 가는 길을 따라가고 응원하는 선생님이 있을 거예요. 선생님이 네 두 번째 사람이 되어줄게요. 네가 하고 싶은 일에, 네가 하는 말에, 네가 외롭지 않게 언제든지 뒤따라가는 네 편이 될 거야. 넌 이까짓 거! 한 번만 용기 내줘. 그럼 내가 같이 네 시작을 응원하고 우리 반이 함께 네 뒤를 따라갈 수 있게 도와줄 거야."라고 말하며 그림책 표지를 짝 펼칩니다.

앞표지에 혼자 빗속을 달리던 아이였는데 표지를 펼치면 어때요? 네. 아이의 용기가 옮겨진 듯 함께 달리는 남자아이가 등장합니다. 두려움과 불안을 떨치는 '이까짓 거!' 주문과 함께 표지를 펼쳐주는 순간 '와.'라는 묵직한 감탄이 나와요. 선생님들도 마찬가지입니다. 낯선 2월 새로운 선생님의 한 해를 응원할 때, 또는 제가 저렇게 빗속을 달릴 때 같이 달려주는 선생님들께 고마움을 전할 때 이 책을 선물하거나 읽어드려요. 어떠세요? 그냥 책을 읽을 때와는 사뭇 다르죠. 면지를 살피며 어떤 맥락이 있을까. 표지를 처음부터 펼쳐서 읽어줄까, 내 마음을 전하면서 나중에 표지를 펼칠지 순서만 고민해도 책이 마음에 머무르는 유효기간이 달라져요.

자. 이제 다시 물어볼게요. 표지에 노란 하늘이 어떤 느낌으로 다가오시나요?

표지 펼치기 응용편

《백년아이》 김지연 글·그림, 다림
1919년부터 2019년까지 대한민국 근현대사를 개인의 삶과 연결해 보여주는 그림책의 표지를 펼쳐본 적 있는가? 1919년에서 시작한 아이와 2019년에서 걸어오는 두 아이가 마주한다. 빨강과 파랑이 한눈에 들어오면 아이들은 "이 책 태극기였네!"라고 절로 외친다. 여러분은 그림책을 다 읽어준 뒤표지를 펼칠 건가? 처음부터 펼쳐서 보여준 뒤 설명하겠는가? 그건 읽어주는 사람 마음이지만 표지 의미는 꼭 전해주자.

《눈아이》 안녕달 글·그림, 창비
앞표지에는 빨간 장갑을 벗고 맨손으로 눈빵을 만드는 아이와 눈아이, 숲속 동물이 등장한다. 표지를 펼쳐서 연결하면 새들이 날아가는 방향으로 눈이 녹고 꽃이 피는 봄이 가까워지는 걸 발견할 수 있다. 눈아이와 만남은 끝이 있다는걸. 이토록 아름다운 봄이 누군가에게는 잔인할 수도 있다는 걸 읽어낼 수 있지 않을까? 아니면 이별이 마냥 슬프지 않고 봄처럼 아름다울 수도 있다는 맥락으로도 다가오지 않을까? 읽은 뒤 다시 한번 봄과 이별, 소중한 감정의 이미지는 무엇인지 생각해 보길 바란다.

《눈 내리는 하굣길》 후지와라 카즈에 글, 하타 고시로 그림, 김정화 옮김, 미래엔아이세움

앞표지에는 거센 눈발을 헤치며 집으로 돌아가는 아이가 있다. 커다랗고 따스한 숨, 겨드랑이 사이에 끼워둔 손만으로도 추위가 전해진다. 하지만 표지를 펼친 순간 똑같은 상황에도 택시를 타고 안락하게 집으로 돌아가는 아이가 있다는 걸 알아차린다. 심지어 택시 안에 아이는 웃고 있다. 처음에 미리 뒤표지를 보여줘도 좋고. 책을 다 읽은 뒤에 펼쳐도 좋다. 대신 처음에 펼쳐서 보여줄 때는 따로 언급하지 말자. 다 읽은 다음에 이 아이가 누군지 말해주면 아이들의 아우성이 교실을 가득 채운다. 캬. 이런 맛에 그림책을 읽어주고 싶다. 눈 내리는 하굣길에 추위에 떨며 걸어가는 아이와 택시를 타고 가는 아이에게는 무슨 일이 있었을까?

시간의 흐름에 따른 면지 응용편

《훨훨 간다》 권정생 글, 김용철 그림, 국민서관

국민서관의 옛날옛적에 시리즈 1번《훨훨 간다》는 2003년에 나온 그림책으로 "면지란 이런 것이다! 프롤로그와 에필로그가 무언지 명확하게 알려주마!"를 보여주는 고전이다. 옛이야기의 해학을 담은 책이자 말놀이, 연극, 몸짓까지 여전히 아이들과 재미나게 읽을거리가 넘치는 이 책의 또 다른 재미는 면지로 보는 시간 변화다. 앞면지에는 으슥한 달밤에 나무 울타리를 넘는 누군가가 보인다. 눈빛마저 사납다. 무슨 일이 벌어질까 덩달아 긴장된다. 하지만 책장을 넘기고 주거니 받거니 이야기를 읽고, 뒷면지를 보면 긴장은 사라지고 웃음만 터진다. "걸음아, 날 살려라!" 도망치느라 보따리까지 놓고 달까지 도착할 기세로 도망가는 누군가를 발견하기 때문이다. 본격적으로 이야기를 시작하기 전 분위기 조성과 이야기를 읽는 동안 일어난 시간의 흐름까지 잘 보여주는 장치다. 하. 이 얼마나 멋진 배려인가. 책장을 덮는 순간까지 이야기의 여운을 즐기게 해주는 장치라니. 뒷면지를 보고 나면 뒤표지 그림에도 절로 웃음이 난다. 역시 고전은 고전이다!

《포도 꿀꺽》 현민경 글·그림, 창비

매미 소리가 멈추지 않는 한 낮의 더위 속에서 할 일 없이 심심한 아이는 포도나 먹어볼까? 싶다. "포도." 하고 한 알을 떼먹고 "파~도."하고 한 알 먹다가 "포포포포" 포도알을 먹고 "도도도도" 씨를 뱉고 논다. 포도 한 알로 말놀이부터 엉뚱한 상상 놀이까지 끝도 없이 유쾌한 이 그림책의 면지는 무얼까? 앞면지는 싱싱한 연두색이다.

"어라? 책 제목이 포도 꿀꺽이라는데 면지가 연두색이네. 무슨 포도일까?"라고 질문을 던지면 "덜 익은 거요." "샤인머스캣이요!" 대답이 나온다. 한바탕 놀고 난 뒤 뒷면지를 보면 연두색이 아주 진한 보라색으로 바뀌었다. "어, 우리가 신나게 놀았더니 그새 포도가 익었나 봐. 연두색 포도가 보라색으로 익었네! 우리 마음도 재미로 가득 차고 익었나 볼까? 자, 한 송이 더!"

그림책을 누군가에게 읽어주기 전에는 반드시 먼저 읽고 어떤 물성이 있는지 살핀다. 면지와 표지는 기본이거니와 바코드, 책등에 숨겨진 아이콘, 겉싸개의 유무 등. 어딘가에는 책을 만든 이들이 독자에게 전하고 싶은 애달픈 짝사랑이 숨겨져 있다. 그냥 넘겨보던 장면에 나만의 맥락이 이어질 때 짜릿함이란! 심지어 아끼는 이들에게 마음을 듬뿍 담아 의미를 전할 때 그 묵직한 감동이란! 내 마음을 흔드는 그림책을 발견했을 때 그냥 책장을 덮지 말길 바란다. 마음을 흔든 그 순간이 어디인지. 이걸 어떻게 오래 남길지 책에 숨겨진 보물 같은 물성을 찾아 잘 엮어보길 바란다. 그렇게 한 두 권이 쌓이다 보면 그림책을 읽을 시간이, 그림책을 펼치는 순간이 언제나 설렐 테니. 나만의 보물 같은 그림책이 곁에 늘어나 함께 읽을 누군가를 기다리게 될 테니까 말이다. 이까짓 거! 함께 같이 달려보자고.

나는 무슨 빵이 될까?
내가 되고 싶은 빵을 꼭 찾고 말거야!

어떤 빵을 제일 좋아하나요? 빵 좋아하는 친구들 모두 모여라!
반죽이와 함께 빵스타그램 속 사랑스럽고 개성 넘치는 빵들을 만나요.

#자기표현 #개성 #나다움 #상상 #꿈

《오늘도 빵스타그램》 강경호, 달다름 글·서영 그림 | 값 16,000원

호기심 많은 호랑이와 함께
신나는 우리 국악의 매력 속으로!

툭툭툭, 음악을 시작하는 '축'부터 탁탁탁 드르륵, 끝을 알리는 '어'까지
우리 악기의 아름다운 소리들을 그림과 음악으로 만날 수 있어요.

#국악 #악기 #음악 #예술

《호랑이 따라 국악 따라》 주연경 글·그림 | 값 17,000원

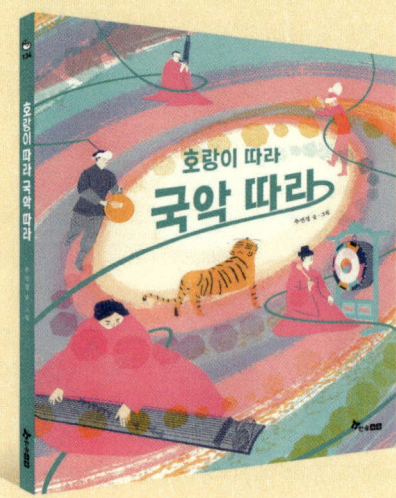

허정윤X조원희 작가의 섬세하고 단단한 이야기
우리가 미처 생각하지 못한 닭의 비밀은?

인공 사육장에서 '생명'이 아니라 '물건'으로 취급받으며 최소한의 존중도
받지 못하는 병아리와 닭의 삶을 그린 묵직한 그림책입니다.

#동물복지 #생명존중 #동물권

《닭에겐 비밀이 있지》 허정윤 글·조원희 그림 | 값 17,000원

전화 02-2001-5828 팩스 0303-3440-0108

"네가 와서 집이 참 환해졌지. 우리한테 와 줘서 고마워."
내 곁을 밝혀 준 소중한 존재에게 전하는 인사

안녕달 그림책 10년을 빛내는 이야기

예스24
알라딘·교보문고
베스트셀러

별에게 안녕달 그림책

우리 곁을 지켜 준 소중한 존재, 추억, 사랑, 희망……. 그 모든 아름다운 것들을 떠오르게 하는 뭉클한 이야기. 동아일보

사랑하는 존재의 기억은 밤하늘 별처럼 우리를 따뜻하게 보듬는다. 우리를 성장하게 했던 기억을 떠올려 보라고 말하는 작품. 국민일보

값 16,800원

🌿 17개국 애니메이션 페스티벌 수상 🌿

전 세계가 주목한 건전지 가족 이야기, 이번에는 할머니다!
"우리 할머니는 세상에서 가장 씩씩한 건전지야."

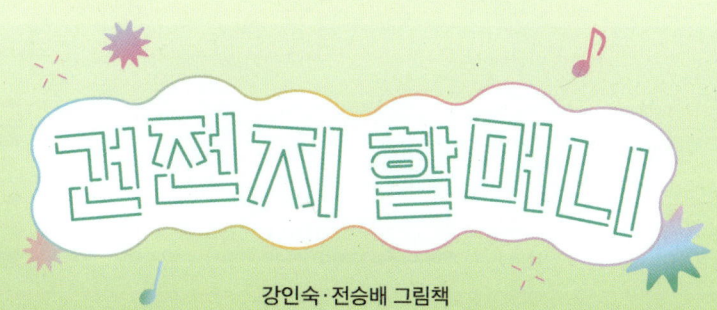

강인숙·전승배 그림책

가정의 달, 가족을 향한 고마움과 사랑을 담아 함께 읽기 좋은 따뜻한 책. 한국일보
위기에 처한 손주를 기지로 구해 내는 강한 할머니. 한겨레
따스한 여운을 남기는 가족 그림책. 서울신문

값 16,800원

창비
Changbi Publishers

전은주의 그림책 활용백서

침묵의 그림책? 알고 보면 가장 시끄러운 책!

글 없는 그림책 읽는 법

아이들은 **재미있게** 읽는데,
어른은 어렵다고 **쩔쩔매는** 그림책.
아이들은 **보는데**,
어른은 **읽으려고** 하는 그림책.
가장 **시끄러운** 책이 될 수도 있고,
가장 **조용한** 책이 될 수도 있는 책.
아이들은 읽을 때마다 **줄거리가 바뀌는데**,
어른들은 **줄거리가 뭔지 잘 모르겠다고** 하는 책.

바로 글자 없는 그림책, 글 없는 그림책이다. 아이가 글 없는 그림책을 들고 오면 어떻게 읽어줘야 할지 모르겠다는 어른들이 많다. 글 없는 그림책을 읽는 몇 가지 꿀팁을 알아보자.

《자유 낙하》
데이비드 위즈너 그림, 미래아이

첫 번째, 글 없는 그림책에는 정답이 없다!
오답도 없다! 내가 책을 딱 보았을 때 알아차린 이야기가 바로 작가가 하려는 이야기이다. 글자 없는 그림책의 클래식! 《자유 낙하》의 첫 페이지를 펼치면 아이가 책을 읽다 말고 잠이 들었다. 창밖에서 바람이 불어오자 소년이 덮고 있던 체크무늬 담요가 들판의 네모난 구획으로 변하고 다음 페이지에선 네모 들판이 체스판으로 변한다. 어느새 아이가 체스판 위에서 킹과 퀸, 비숍 등 체스말 인간과 만났다. 책을 타고 날아오다니 역시 책은 어디로든 갈 수 있는 날개라니깐. 책을 타고 왔는지 어떻게 알았냐고? 들판 위로 책 페이지 한 장이 아라비안나이트에 나오는 날아다니는 양탄자처럼 떠 있었으니까. "아니, 제목이 '자유 낙하'잖아. 꿈속에서 여기 환상 나라로 바로 떨어진 거야." 아, 당신이 여기로 낙하했다고 생각한다면 낙하다. 글 없는 그림책은 무조건 독자가 생각하는 것이 맞으니까 말이다. 양탄자인지 낙하인지 딱 정해주고 싶었다면 작가는 "양탄자를 타고 날아왔어요."라고 썼을 것이다. "잠깐만! 여기는 체스 나라가 아니라 다른 별이야. 저들은 외계인이야!" 그렇다. 지금 소년은 외계인을 만나고 있다. 독자가, 내가 생각한 것이 맞다. 자신감을 갖고 페이지를 넘기자.

데이비드 위즈너 작가는 혼북 매거진 인터뷰에서 자기를 행복하게 만든 에피소드를 이야기했다. 어느 사서가 말해주었는데, 도서관에서 데이비드 위즈너 작가의 글 없는 그림책에 어느 어린 독자가 그림책 페이지마다 자기가 원하는 대로 이야기를 쓴 종이쪽지를 끼워 놓았다는 것이다. (숙제를 낸 것도 아닌데!) 데이비드 위즈너는 작가가 그린 그림은 이야기의 방향을 정하기는 하지만, 최종적인 이야기는 아이와 양육자, 그리고 책의 그림이 상호작용을 한 결과라고 말했다. 아이에 따라, 상황에 따라 이야기는 달라진다는 것이다. "그 쪽지 덕분에 제 이야기가 완성된 셈이죠. 다른 아이가 읽을 때까지는요!"

또 다른 '글자 없는 그림책의 대가' 에런 베커 역시 독자가 이야기를 완성해야 한다고 말한다. 에런 베커는 2014년 칼데콧 아너상을 수상한 글자 없는 그림책 《머나먼 여행》(웅진주니어)에서 일부러 주인공 소녀의 표정을 그리지 않은 이유가 독자들이 각자의 감정을 이입해 책을 읽고 상상할 수 있도록 하기 위해서라는 것이다. "같은 장면이라도 어떤 아이는 공포에 떨 수 있고 다른 아이는 오히려 신나게 즐길 수 있잖아요. 주인공 소녀의 얼굴에 하나의 감정을 표현했다면 독자들은 아마 하나의 이야기만 읽게 될 거예요." 거듭 말하지만 이야기는 독자에 따라 달라진다.

글 없는 그림책을 읽는 두 번째 요령. 없는 글자에 미련을 두지 말고 그림을 읽자.
그림을 잘 보아야 하는 것은 글 없는 그림책뿐만 아니라 모든 그림책이 그렇다. 그림책을 읽을 때, 어른은 글자에 먼저 눈이 가는 경우가 많지만, 대부분 그림책은 글보다 그림이 더 많은 이야기를 한다. 그림은 글을 이해하기 쉽도록 도와주기도 하고, 글에 없는 이야기를 더 하기도 하고, 때론 글과 다른 이야기를 하기도 한다. 글은 '행복한 시간을 보냈다'라고 하지만 그림을 보면 혼자 외따로 서 있는 주인공을 보여준다든지 하는 식이다. 《고릴라》(비룡소)를 쓴 앤서니 브라운은 글과 그림 사이에 있는 간극이야말로 그림책의 진짜 매력이라고 하지 않았던가. 글이 들려주는 이야기와 그림이 보여주는 이야기가 어떻게 다른지 찾아내는 것이야말로 그림책의 재미라고 하는 독자도 많다.

〈자유 낙하〉

그러니 글 없는 그림책을 만났을 때, 작정하고 그림 읽기를 시도해 보는 것이다. 작가가 글 없이 책을 쓰겠다고 결심했을 때는 그림 속에서 모든 정보를 전하겠다고 작정한 것이다. 그 등장인물이 왜 그 그림에 있는지, 왜 시간 배경은 이때인지, 다음 페이지에서 이전 그림과 달라진 것이 있다면 왜 달라졌는지 살펴보자. 작가는 모든 그림에 의미를 담기 마련이다. 흔히 중심 사건이 일어나는 페이지 가운데 부분만 보기 쉽지만 글자 없는 그림책은 왼쪽 아래 귀퉁이나 오른쪽 윗부분 등 그림책 페이지 전체를 샅샅이 훑어보자. 한 페이지를 4등분하여 한 칸씩 차례로 보는 것도 좋다. 아마 볼 때마다 새로운 것을 발견할지도 모른다. 만약 그래도 그림 어디를 봐야 할지 모르겠다면 방법은 하나. 아이에게 물어보는 것이다. 언제나 아이들은 어른보다 그림을 더 잘 보고 있으니까!

셋째. 주인공을 바꿔 읽는 것이다.
꿈속에서 여행을 떠난 소년이 아니라, 중반쯤 나타난 용을 주인공으로 삼아 보자. "잠들었던 소년이 체스 나라에 도착했을 때, 우리의 주인공 용은 깜짝 놀랐어. 지금까지 저주 때문에 성벽이 돼 있었는데 마법이 풀려서 용으로 돌아왔거든. 용은 자기가 살았던 책으로 돌아가고 싶었어. 과연 책 속으로 돌아가는 데 성공했는지 실패했는지, 우리 다음 페이지를 빨리 보자! 찾았어?"
무서운 이야기로 바꿔도 좋다. "소년이 나타났어! 용을 잡으러 온 기사일지도 몰라! 용은 새파랗게 질리는 바람에 간신히 성벽으로 변장을 하고 있다는 걸 들키고 말았어. 본래 모습인 용으로 돌아가버렸다. 어디로 도망가야 할까? 기사는 큰 칼을 들고 쫓아오기 시작했어. 빨리 피해야 해! 꺅! 과연 용은 살아남을 수 있을까?"
글이 있는 그림책은 글에서 주인공이 누구인지, 이야기를 하는 화자가 누구인지 정해져 있지만 글 없는 그림책은 정해진 바가 없다. 내가 주인공으로 찍은 대상이 주인공이다. 여러 번 읽어 익숙해졌다면 주인공을 바꿔서 읽어보자. 새로운 책이 된다!

넷째. 책이 들려주는 소리에 귀를 기울이자.
《자유 낙하》 역시 표지를 넘기자마자 소리가 들린다. 휘유우우웅~ 바람이 불어오고, 사르륵 슉! 책장이 마법의 양탄자처럼 공중으로 사뿐 날아오른다. 쿠르르릉. 쿠르르릉! 담요가 땅으로 변하며 지축을 울리는 소리를 들어보라.
글자 없는 그림책도 얼마나 많은 소리를 담고 있는가 하면 벤야민 고트발트 작가는 아예 책 제목에 써놓았다. 《세상에서 가장 시끄러운 그림책》(초록귤 출판사)이라고.
그리고 글 없는 그림책들도 의성어 의태어는 슬쩍 써놓은 경우가 많다. 2018년 칼데콧 상을 수상한 매튜 코델의 《세상에서 가장 용감한 소녀》(비룡소)가 그렇다. 문장과 사람이 말하는 대화는 없지만, "왈왈" "아우우우" 동물들의 소리가 가득하다. 이렇게 소리로 가득한 책을 두고 글자가 없다며 워드리스(wordless picture book)라고 하는 것이 얼마나 인간중심인지 미안할 지경이다.

다섯째, 모든 것을 다 말해주려는 마음을 버린다.
글자 없는 그림책뿐만 아니라 다른 책도 그렇다. 책에 있는 모든 단어를 읽을 필요는 없다. 그림책을 읽어 주는 낭독자가 아니라 이야기해 주는 스토리텔러라고 역할을 바꿔보자.

〈자유 낙하〉

2013년 캐나다의 워털루 대학교 다니엘라 오닐 교수는 부모가 글자가 없는 책을 읽어줄 때, 더 많은 단어와 복잡한 대화 형태를 사용한다는 연구 결과를 발표했다. 말하는 내용에 확신이 없기 때문에 오히려 더 자세하게 설명하게 된다는 것이다. "여기 다람쥐가 뛰어가고 있네"에 멈추지 않고, 더 이야기를 잘 전달하기 위해서 "여기 다람쥐가 뛰어가고 있네. 우리 오늘 아침에 뒷마당에서 다람쥐 봤지?"라며 아이의 경험과 연관시키거나, 아이에게 질문을 하는 등 다양한 의사소통을 시도한다. 당신은 제대로 책을 읽어주고 있는지 불안한 만큼 더 잘 읽어주고 있다. 자기 자신을 믿고 더 편하게, 더 적극적으로 읽어주자. 만약 줄거리를 말하는 것이 끝내 부담스럽다면 등장인물의 표정을 살펴보고 아이들에게 감정을 알려주면 된다. 아이들은 글자만큼이나 표정 읽기에 서투르다. 얼굴을 보고 감정을 파악하는 것은 공감 능력을 키우기에 딱 좋다!

글 없는 그림책을 읽어주는 마지막 꿀팁은 이것이다. 어른이 읽어주지 말고, 아이가 읽게 하자. 글이 없으니 글자를 모르는 아이도 얼마든지 읽을 수 있다. 아이가 읽어주는 글 없는 그림책이 얼마나 새로운 이야기를 담고 있는지, 아는 사람만 안다. 글 없는 그림책을 'Wordless picture book(글자 없는 그림책)' 혹은 'silent book(조용한 책)'이라고 한다. 하지만 silent book이 얼마나 시끄러운지 아이들과 읽어본 사람은 안다. 그림에 이미 풍부한 소리가 들어있는 데다, 아이들은 "작가가 말하지 않는다면 내가 얘기하지 뭐!"라며 자기 생각을 이야기하느라 더욱 더 말이 많아지기 때문이다. 글자를 제대로 읽고 해석해야 한다는 부담감이 덜해지기 때문에 더욱 신이 난다. 이제 우리는 '읽어 주지 말고', 아이의 이야기를 '들어 주면' 된다.

정정혜의 영어 그림책
초강력 추천!
자그마치 7가지 보드북

우리 아이 첫 그림책, 보드북에 대해 이야기를 나누어 볼까요? 어린아이들에게는 두꺼워서 잘 찢어지지 않도록 만든 책을 보드북이라고 하는데 아이가 다치는 일이 없도록 모서리가 둥글게 처리되어 안전하죠. 같은 책을 보드북과 일반 종이로 페이퍼백 형태로 만들기도 합니다.
페이퍼백과 보드북의 가장 큰 차이점은 안전하고 견고한 대신, 대부분 페이퍼백 버전보다 크기가 작고 면지가 없다는 점입니다. 면지는 책의 표지와 내지를 연결하는 페이지인데, 최근에는 면지를 책의 중요한 구성요소로 활용한 경우가 많습니다.
그렇다면 어떤 책이 보드북으로 나올까요? 보드북 버전만 있는 책들과 보드북과 페이퍼백 버전이 모두 있는 책들로 구분해서 설명해 볼게요. 우선 보드북 버전으로만 나온 책들은 대체로 영유아를 대상으로 출간된 책이라고 보면 됩니다. 산드라 보인튼의 《Moo, Baa, La La La!》 같은 책들이 그런 책이지요. 그리고 만지작거리면서 보는 촉감책들은 견고해야 하므로 역시 보드북으로 출간됩니다.
그런데 에릭 칼의 《The Very Busy Spider》처럼 보드북 버전과 페이퍼백 버전이 모두 나와 있는 경우는 좀 복잡합니다. 이 책의 보드북 버전은 볼록 쏟아 오른 거미줄을 만지작거리면서 페이지를 넘기게 되어있고, 페이퍼백 버전은 플립플랩북으로 페이지 전체를 들추며 읽는 즐거움이 있습니다. 하지만 거미줄 부분이 평면 처리되어 손으로 거미줄을 더듬으며 읽을 수는 없습니다. 한 마디로 내용은 같지만 물성이 달라진 경우지요. 그리고 《Press Here》 이나 《Tap the Magic Tree》처럼 매 페이지를 문지르거나 톡톡 치는 등 물리력을 가하면서 책을 읽어야 하는 경우도 저는 아무래도 보드북 형태를 더 권장한답니다.
여기에서 가장 이해하기 어려운 경우는 《The Paper Bag Princess》(AR 3.8)이나 《Kitten's First Full Moon》(AR 2.3)처럼 내용이 쉽지 않은데도 보드북 버전이 나와 있는 책들이지요. 그런데 우리에게 어려워 보이는, 글밥이 많은 이 두 책의 원어민 대상 아마존 추천 연령은 만 3세 이상과 만 1세 이상이라는 사실! 영어 교사들이 초등학생을 위한 영어 그림책으로 추천하는 많은 책들이 한국어로 번역되었을 때 유아 대상 책으로 변하는 이유이기도 하지요. 다만 《The Paper Bag Princess》의 보드북 버전은 페이퍼백 버전보다 내용이 짧고 문장도 간결합니다. 하지만 이것은 아주 특별한 경우입니다. 초베스트셀러 도서의 경우, 출판사에서 소비자의 취향을 고려해서 내용이 똑같은 두 가지 버전을 출판하기도 하는구나! 정도로 이해하면 된답니다.
여기까지 읽으셨다면, 어떻게 보드북을 선택하고 활용해야 할지 바로 알겠지요? 기본적으로 페이퍼백과 똑같이 활용하면 되는데, 물리력을 가해야 하는 책의 경우 보드북 버전을 사고, 그 외 조건이 똑같다면 싼 책을 사면 됩니다! 자 이제 아이들에게 널리 사랑받는 보드북 작가들을 만나볼게요.

보드북 분야에서 첫 번째로 소개하고 싶은 작가는 산드라 보인튼(Sandra Boynton)입니다. 반전 유머, 시처럼 읽히는 강력한 라임과 리듬, 배경을 생략한 간략한 그림, 파스텔톤의 화사하고 아름다운 색감, Pookie처럼 매력적인 캐릭터가 특징입니다. 산드라 보인튼의 보드북은 영유아를 위한 책으로 보이지만, 사실 초등 저학년까지 폭넓게 즐길 수 있습니다. 특히 아래 다섯 권은 초강력 추천입니다. 《Opposites》, 《The Going to Bed Book》, 《Moo, Baa, La La La!》, 《Blue Hat, Green Hat》, 《Doggies》!

두 번째 추천 보드북 작가는 레슬리 패트리셀리(Leslie Patricelli)예요. 머리카락 한 올을 자유롭게 흩날리는 아기가 주인공인 이 보드북들은 작가 특유의 단순하면서 선명한 그림과 엽기적인 유머가 어우러져 있지요. 코딱지를 입으로 가져가고, 화장지는 죄다 풀어놓고, 책을 다 찢어 놓는 모습이 익숙하다면 이 책을 읽어줄 때입니다. 물론 이런 행동을 조장하는 것이 아니라 킥킥 웃으며 내용에 공감한 후 자연스럽게 좋은 행동으로 이끌어주는 책이랍니다. 만 2세부터 3세 전후가 가장 적당하지만 《Yummy Yucky》는 초등 학생까지 읽을 수 있어요.

세 번째로 소개할 작가는 캐런 카츠(Karen Katz)예요. 그림부터 내용까지 너무나 사랑스러워서 아이와 읽다 보면 저절로 몸을 부르르 떨게 된답니다! 책을 읽어 주기보다 그냥 놀아준다는 마음으로 《Counting Kisses》, 《Toes, Ears, & Nose!》, 《Ten Tiny Tickles》 등의 책을 읽으며 까꿍 놀이, 숨바꼭질, 뽀뽀하기, 안아주기 등 온몸으로 그 내용을 실현할 수 있으니, 쉽고 재미있게 육아에 함께할 수 있도록 도와주는 책들이에요.

네 번째 작가는 《The Very Hungry Caterpillar》로 유명한 모두가 알고 있는 작가, 에릭 칼(Eric Carle)입니다. 특징은 콜라주를 이용한 아름다운 그림, 토이북처럼 재미있는 구성, 지식을 전달하는 논픽션적인 요소라고 할 수 있습니다. 영유아에게는 노래 부르며 읽어줄 수 있고, 초등학생에게는 학습으로 연결해서 읽어줄 수도 있어 가장 활용도가 높은 책들이지요.

다섯 번째로 작가 아일린 크리스틀로(Eileen Christelow)의 〈Five Little Monkeys〉 시리즈입니다. 특히 《Five Little Monkeys Jumping on the Bed》와 《Five Little Monkeys Sitting in a Tree》는 노래로 부를 수 있어 더 활용도가 높습니다. 두 돌 전후부터 초등 저학년까지 즐길 수 있는 책으로 라임에 맞는 단어들이 계속 나와서 소리 내어 읽었을 때 리듬을 탈 수 있고, 클라이막스에 이어 나오는 반전이 '엄마'와 관련되어 있어 아이들에게 통쾌함과 즐거움을 안겨 주지요!

여섯 번째 추천 책은 니나 레이든(Nina Laden)의 〈Peek-a…〉 시리즈예요. 모두 5권으로 이루어져 있는데, 까꿍 놀이를 좋아하는 두 돌 이전의 아이들에게 적합한 책입니다. 구멍을 통해 다음 페이지에 뭐가 나올지 예측하면서 읽는 책이에요. 마지막 페이지에는 거울이 붙어있어 독자가 보여요.

마지막으로 재미있는 토이 보드북입니다. 《Dear Zoo》, 《Color Zoo》, 《Where's Spot?》, 《Pat the Bunny》 등은 구멍이 뚫려 있거나 종이를 들추면서 장난감 갖고 놀듯이 읽을 수 있습니다. 토이북 얘기라면 목욕 책(Bath Book)도 빼놓을 수는 없겠지요? 《Rainbow Bath》, 《The Rainbow Fish》, 《The Pigeon Needs a Bath Book!》

어떤가요? 바로 달려가서 보드북을 골라 와 내 아이에게 읽어주고 싶지요? "꼭 미리 읽고" 책의 특징에 맞게 읽어주는 연습을 한 다음에 아이에게 읽어 줄 추천합니다. 라임이 나오는 부분을 강조해서 리듬감 있게 읽어 주고, 반전이 있는 책들은 뒷부분을 예측하게 하거나 과장되게 놀라며 읽어 주는 식으로 말이지요. 그리고 나와 아이의 몸을 놀이터라고 생각하고 온몸으로 책을 읽어 줄 수 있는, 아주 특별한 이 시기를 맘껏 즐기기를 바랍니다.

정정혜 | 아이들에게 그림책으로 영어를 가르친 지 어언 20여 년이 훌쩍 넘었다. 영어독서지도사 제자도 2,000명이 훌쩍 넘었다. 호호 할머니가 되어서도 아이들에게 영어 그림책을 읽어 주고 싶다. 저서로 《영어 그림책 공부법》, 《정정혜 샘과 함께하는 첫 영어 그림책》 등이 있다.

최연지의 질문하는 그림책
거짓말은 모두 나쁜 것일까?

《우리는 친구》
앤서니 브라운 글·그림,
장미란 옮김, 웅진주니어

안녕하세요, 저는 어린이들과 그림책을 읽고 질문하고 함께 답을 찾아가는 일을 하고 있는 최연지입니다. 그림책의 매력은 짧은 이야기와 어우러지는 그림의 조화를 통해 누구에게나 자신의 삶에서 반추할 수 있는 의미를 던질 수 있는 것이라고 생각합니다. 그래서 우리는 그림책을 읽고 그 안에서 자신의 삶을 돌아볼 수 있는 단초를 발견할 때가 많죠. 제가 하는 일은 그림책에서 시작된 질문을 통해 자신도 몰랐던 나를 바라보는 기회를 어린이들에게 제공하는 것입니다. 그럼 오늘의 그림책 질문을 시작해 볼까요?

어린이들에게 '거짓말하면 안 돼! 거짓말은 나쁜 거야!'라는 말을 해 본 적이 있으신가요? 아마 자신 있게 한 번도 없다고 답하는 분은 없으실 거예요. '잘못을 한 것보다 거짓말을 한 게 더 나빠!'라는 말도 빼놓을 수 없는 훈육 멘트죠. 우리는 아이들에게 '정직'을 가르칩니다. 세상을 살아가는데 정직함이 얼마나 중요한지는 모르겠지만 세상이 우리에게 바라는 것 가운데 '정직'은 빠지지 않는 가치이죠. 그만큼 거짓을 말하지 않고 살아가는 것이 얼마나 중요하며, 그것이 얼마나 어려운 일인지 추측해 볼 수 있겠습니다. 그래서인지 거짓말을 주제로 다루거나 이야기를 풀어가는 소재로 다룬 그림책도 아주 많고요.

앤서니 브라운의 《우리는 친구》는 고릴라와 고양이의 우정을 다루는 그림책입니다. 동물원에 한 마리뿐인 고릴라가 친구를 원하자 사육사들이 아기 고양이를 데려옵니다. 커다란 고릴라와 조그마한 아기 고양이, 언뜻 전혀 어울리지 않아 보이지만 둘은 모든 것을 함께 하며 행복한 시간을 보냅니다. 그러던 어느 날 고릴라가 '킹콩'을 보던 중 화가 나서 TV를 부수는 사건이 일어나요. 동물원 사람들은 깜짝 놀라 뛰어왔고 아기 고양이가 위험하다며 데리고 가려고 합니다. 이때, 아기 고양이가 '거짓말'을 합니다. 자신이 TV를 부쉈다고 말이죠. 황당한 고백에 동물원 사람들은 웃음을 터뜨리고 맙니다. 누가 봐도 아기 고양이가 할 수 있는 일이 아니었는데도, 아기 고양이는 왜 이런 거짓말을 했을까요? 아마 고릴라와 헤어지기 싫었기 때문이었겠죠. 거짓말의 목적이 상대를 속이기 위한 것이라면 그 말은 굉장히 잘 짜여진 문장이 될 수밖에 없습니다. 왜냐하면 상대를 믿게 만들기 위해서는 말의 논리, 디테일, 감정 표현까지 치밀하게 구성되어야 하기 때문입니다. 그렇게 해야지만 거짓말은 종종 진실보다 더 그럴듯하게 들리고요. 그런데 고양이의 거짓말은 모두의 웃음을 유발할 수밖에 없었습니다. 도무지 할 수 없는 일을 했다고 했으니까요.

선의의 거짓말은 해도 될까요?

초등학교 교실에서 어린이들과 그림책을 읽고 아기 고양이의 '거짓말'에 대해 이야기를 나누었습니다. 아이들은 이 거짓말을 '하얀 거짓말'이라고 명합니다. 친구를 잃지 않기 위해, 친구를 돕기 위해, 친구가 해를 입지 않게 하려고, 선의로 한 거짓말이라고 합니다. 우리는 거짓말은 나쁜 것, 하지 말아야 할 것이라고 배웠는데 아이들은 하얀 거짓말은 할 수 있는 거짓말이라고 하네요.

거짓말을 해 본 적이 있는지 아이들의 경험도 물었습니다. 처음엔 거짓말을 해 본 적이 없다고 했던 아이들이 아기 고양이의 하얀 거짓말은 용서받을 수 있는 거짓말이라는 결론까지 도달하자 자신이 했던 선의의 거짓말을 쏟아내기 시작합니다. '엄마가 만든 반찬이 맛이 없는데 엄마가 속상할까 봐 맛있다고 했어요.' '친구가 준 선물이 마음에 들지 않았지만 친구가 기분 나쁠 수 있으니까 좋다고 했어요.' 그러다가 '학원에 가기 싫어서 배가 아프다고 했어요'가 나오자 그건 하얀 거짓말이 아니라고 합니다. 하얀 거짓말은 다른 사람을 위한 마음이 있는 좋은 거짓말인데 학원에 가기 싫어서 한 거짓말은 자기를 위한 거짓말이기 때문에 진짜 거짓말이라는 거죠.

진실이 아닌 말로 남을 속이는 거짓말은 진짜 거짓말과 가짜 거짓말로 구분이 될 수 있을까요?

가짜 거짓말이 하얀 거짓말이라면 진짜 거짓말은 어떤 것일까요? 히라타 아키코 글, 타카바타케 준 그림의 《머리가 좋아지는 약》에서 고릴라 모자키는 코딱지를 파서 먹다가 올빼미에게 들키게 되고, 당황한 나머지 '머리가 좋아지는 약'이라고 거짓말을 하게 됩니다. 이 책을 보고 아이들은 코딱지를 파는 건 더러운 것이기 때문에 어른들이 하지 말라는 행동이고, 그렇기 때문에 거짓말을 했다고 합니다. 그러면서 사실 어른들이 하지 말라고 하는 것 가운데에는 재미있는 일들이 많아서 거짓말을 해서라도 하고 싶을 때가 있다는 말을 덧붙입니다.
거짓말을 해서라도 하고 싶은 재미있는 일은 뭘까요? 엄마 몰래 유튜브 보기, 숙제나 공부 하지 않고 집에서 놀기 같은 어린이 기준의 일탈 행동들을 아이들은 이야기하더군요. 자우림의 노래 〈일탈〉의 가사처럼 지루한 일상 속 신나고 화끈한 일들은 낡은 규범을 깨뜨리기도 하고 새로운 아이디어나 변화를 만들어내기도 하죠. 그런데 일탈을 매번 한다면 그건 일탈이 아니라 일상이 될 것이고, 그것은 다시 지루함을 가져올 수 밖에 없을 것입니다. 아이들도 거짓말을 할 때 재미있기도 하고 웃기기도 하지만 여러번 해 보면 재미가 없어진다고 하네요. 다시 책으로 돌아와 아이들에게 묻습니다. '올빼미의 거짓말은 자기를 위한 거짓말이니 나쁜 거짓말일까?' 여러분의 생각은 어떠한가요?

일본의 국민 시인인 다니카와 슌타로의 시에 나카야마 신이치가 그림을 그린 《거짓말》에는 하얀 거짓말도, 빨간 거짓말도 아닌 거짓말 그 자체에 대한 이야기가 담겨 있습니다. '거짓말을 한 번도 해보지 않은 사람이 있다면 그것은 거짓말'이라는 문장으로 시작되는 그림책이 우리에게 전하고 싶은 말은 '거짓말 = 나쁜 것'이라는 등식이 성립하기 어렵다는 것입니다. 진실이 아니라고 해서 좋은 것만은 아니며, 거짓이라고 해서 나쁜 것만은 아니라는 뜻입니다.

어쩌면 거짓말은 인류가 생겨나면서부터 함께했을 가능성이 큽니다. 무리 생활을 하면서 사람들은 남보다 조금 더 먹기 위해, 더 갖기 위해, 더 높은 지위를 얻기 위해 진실 사이에 거짓을 섞는 전략을 사용했을지 모릅니다. 자신만을 위한 거짓말이 난무하는 사회에서는 정상적인 인간 관계가 성립할 수 없을 것입니다. 사회가 우리에게 거짓이 아닌 진실을 주고받길 원하는 이유는 서로가 서로를 속고 속이는 관계에서는 신뢰가 존재하기 어렵기 때문이겠지요. 그러나 영화 〈거짓말의 발명〉(2009)를 보면 진실만을 말하는 세상 역시 삭막할 수 있음을 보여줍니다. 엄마가 이 세상에서 가장 예쁘다는 아이의 말에 행복할 수 있는 이유는 그 말의 진실 여부와 상관없이 나를 사랑해 주는 아이의 마음을 느낄 수 있기 때문이리라 믿어봅니다.

최연지 | 동덕여자대학교에서 아동학 석사와 박사를 하고 동덕아동철학연구소에서 유아, 청소년, 어머니들을 대상으로 10여 년간 '그림책으로 철학하기' 수업을 진행하고 있습니다. 〈우리나라 사실주의 그림책에 나타난 형제 갈등 구조 분석〉(2017), 〈교수 내용 지식(PCK)에 따른 유아 문학 대학 교재 분석〉(2021), 〈로티의 교화철학적 관점에서 바라본 그림책 : 사노 요코의 그림책을 중심으로〉(2023) 등 그림책, 유아문학과 관련된 논문을 다수 썼습니다.

"국영수보다 더 중요하게~"
공부보다 더 중요한 사회성
사회에서 더 빛나는 아이로 키워 주세요.

"사회성은 타고나는 것 아니에요?" **NO!**
양육 방법에 따라 하늘과 땅 차이!

"싸우지 말라고 가르쳐야하는 것 아니에요?" **NO!**
중요한 것은 문제 해결 능력입니다.
문제를 잘 해결하기 위해 싸울수도 있고,
싸우지 않을수도 있어야 한답니다.

중앙일보 헬로페어런츠 2023 최고의 칼럼

아동심리전문가 이다랑(그로잉맘)의
생활밀착 솔루션!

이다랑 글 | 제이포럼 | 212쪽 | 135 x 200mm | 값 16,800원

"책에 흠뻑 빠지는 아이를 볼 때 부모는 가장 행복해진다!"

- 20만 베스트셀러 <어린이라는 세계> 김소영 작가의 독서 교육 완결판
- 25년 차 어린이책 & 독서 교육 전문가의 독서 지도법 공개
- 그림책, 동시, 동화, 지식책 등 갈래별 독서법 및 추천 도서 수록

김소영 지음 | 다산에듀 | 값 19,000원

"아이들이 책의 재미를 느끼는 순간 진짜 독서가 시작됩니다."

어린이가 독서를 어려워한다면 책 읽는 방법을 가르쳐 주어야 합니다. 단순히 '책 읽기'와 '독서록'을 연결하는 것으로는 부족합니다. 적극적으로 함께 읽고 말하고 쓰는 것이 가장 좋은 방법입니다. 읽기에 능숙하고 어려운 글도 두려워하지 않는 어린이는 과목과 상관없이 교과서도 쉽게 이해합니다. 책에 푹 빠질 수 있는 어린이는 모든 잠재력을 마음껏 발휘할 수 있습니다.

 **갈래별 추천 도서 80종과 추천 활동 수록!**

JIPF JEONJU INTERNATIONAL
PICTUREBOOK FAIR

제4회
전주국제그림책도서전
그림책, 마법의 공간

2025.5.29.목요일 ~ 6.29.일요일
팔복예술공장 · 완산도서관

그림책 NEWS

2025 전주국제그림책도서전, 그림책 너머를 여행할 시간

〈라키비움J〉 지면에 그림책을 가득 소개하며 이 얼마나 매력 넘치는 장르인가 이야기해 봤자, 사실 그림책 한 권을 직접 읽는 게 더 와닿을 때가 많다. 그렇다. 백문이불여일견(百聞不如一見), 듣는 것보다 직접 보고 느끼는 게 최고지.

이왕이면 그림책을 읽는 데서 그치지 않고, 관련 체험으로 기억을 더하고, 작가나 출판 관계자가 여는 북토크에 참여해 그림책 너머의 이야기를 엿본다면 더욱 특별한 시간이 된다. 마음에 쏙 드는 책은 현장에서 바로 구매도 하고, 공연도 즐기고, 맛있는 음식까지 곁들인다면, 그야말로 아이와 함께하는 작은 천국이 따로 없다. 그 모든 경험이 단 한 곳에 모이는 자리에 〈라키비움J〉 독자를 초대한다.

2025년 5월 29일(목)부터 6월 29일(일)까지 전주에서 열리는 제4회 전주국제그림책도서전을 소개한다.

이번 도서전은 전주 팔복 예술공장과 완산도서관 주변에서 진행된다. 백희나, 사라 룬드베리, 에바 린스트룀, 키티 크라우더 작가의 원화 전시를 비롯해, 아트마켓에서는 김병하, 이승원, 조은영, 오소리, 김효은, 조이 콩스탕 작가의 원화도 직접 구매할 수도 있다.

그림책 독자뿐 아니라 그림책 작가를 꿈꾸는 이를 위한 시간도 준비되어 있다. 원고 피드백이 이루어지는 포트폴리오 리뷰, 스웨덴 출판교류 세미나, 그림책 콘퍼런스까지 알차게 열린다. 특히 원화 초청작가로 사라 룬드베리, 백희나, 키티 크라우더 작가의 발제까지 있으니 놓치지 않길 바란다. 출판사 북마켓, 작가와 함께하는 그림책 체험, 국내 작가 강연도 풍성하다. 올해 전주가 주목한 그림책 작가 김유진, 서현, 권문희, 이우만 작가 강연 역시 기대감으로 가득한 자리가 될 테다.

도서전을 찾는 김에 전주 특화도서관도 함께 둘러보는 건 어떨까? 작가 강연도 도서관에서 열리기에 숙소 인근이나 동선에 맞게 한두 곳만 방문해도 전주의 새로운 매력을 발견할 수 있다. 하루를 마무리하거나 다음 날의 설레는 시작으로, 도서관 방문을 더해보자.

알차게 꽉꽉 채운 하루를 보낸 다음 몇 년이 지나 "우리 그때 전주에서 작가님이랑 그림 그리고 사인받았었지?" 책장을 넘기며 그날의 냄새와 감정이 되살아난다면, 그건 단순한 독서를 넘어선 경험이 된다. 아이와 함께한 하루가 그림책을 읽는 날에서 그림책으로 살아낸 하루로 기억된다면, 6월에 이보다 더 좋은 축제가 있을까? 2025년 전주국제그림책도서전. 한 권의 그림책처럼 기억될 전주로 떠나는 여행을 제안한다.

▶ 전주시 특화도서관
① 완산도서관 : 전주국제그림책도서전 행사장. 키티 크라우더, 에바 린스트룀 원화 및 도서 전시. 그림책 콘퍼런스 역시 진행된다. 순천, 원주, 전주 그림책활동가와 백희나, 키티 크라우더, 사라 룬드베리 발제가 이어진다.
② 다가여행자도서관   ③ 연화정도서관 : 권문희, 이우만 작가 강연   ④ 한옥마을도서관 : 김유진 작가 강연
⑤ 동문헌책도서관 : 서현 작가 강연   ⑥ 전주시청책기둥도서관   ⑦ 첫마중길여행자도서관
⑧ 학산숲속시집도서관   ⑨ 서학예술마을도서관   ⑩ 용머리여의주마을옛이야기도서관

그림책 NEWS

2025 IBBY 아시아태평양 국제 컨퍼런스,
전 세계가 함께 대한민국 수원에서 책을 넘어 지구를 품을 시간

2020년 백희나 작가의 아스트리드 린드그렌 상 수상과 2022년 이수지 작가의 한스 크리스티안 안데르센 상 수상, 2024년 한강 작가의 노벨 문학상 수상 소식까지 우리나라 작가들의 세계적인 문학상 소식이 들릴 때마다 〈라키비움J〉는 벅찬 기쁨을 독자들과 나누었다. 해마다 세계적인 도서전이나 공모전 등을 통해 한국의 작가들이 실력을 인정받고, 우리나라의 책들이 전 세계 여러 언어로 번역되어 소개되고 있다. 글로벌 문학 시장에서 대한민국 문학이 새로운 중심에 떠올랐다는 사실은 더 이상 새로운 소식이 아니다. 특히 그림책과 어린이·청소년 문학 분야는 몇몇 작가의 활약을 통한 단발적 주목을 넘어 국제 네트워크의 주도국으로까지 발돋움하였다. 이러한 위상을 〈라키비움J〉 독자들이 직접 보고 듣고 참여하며 느낄 수 있는 세계적인 문학 행사가 올여름 대한민국 수원에서 열린다. 바로 2025 IBBY 아시아 태평양 국제 컨퍼런스이다.

IBBY는 국제 아동 청소년 도서협의회로 전 세계 80여 개국의 국가 위원회로 구성되었다. 우리나라에서는 이수지 작가의 수상과 함께 '아동 문학계의 노벨상'으로 널리 알려진 한스 크리스티안 안데르센 상을 주관하는 곳으로 유명하다. IBBY는 아동 청소년 도서를 통한 국제적인 이해를 도모하고, 세계 모든 지역의 어린이들이 높은 문학성과 예술성을 갖춘 도서를 가까이할 기회를 주며, 개발도상국가의 수준 높은 아동 청소년 도서의 출판과 유통을 돕고, 아동 청소년 문학의 연구와 학술 작업에 대한 지원과 교육을 제공하고 있다.

올해 우리나라에서 개최하는 '아시아 태평양 국제 컨퍼런스'는 아동 청소년 책 관련 작가, 출판인, 활동가, 연구자들이 한자리에 모여 주요 주제에 대한 생각과 연구 결과들을 발표하고 토론하며 교류하는 행사이다. 아시아 태평양 지역뿐 아니라 전 세계에서 많은 관계자들이 참여하며, 세계 주요 작가들이 초대되고, 작가들의 워크샵과 강연에 일반 독자들도 참여할 수 있다. 이번 컨퍼런스의 주제는 '지구와의 공존'으로 아이들이 살아갈 세상, 우리가 지켜야 할 지구, 지구와 조화롭게 살아가는 이야기 등을 담은 어린이·청소년 책의 세계를 다양하고 깊이 있게 만날 수 있을 것이다.

백희나, 이금이, 이수지, 시드니 스미스, 아베 히로시…
한여름 밤의 꿈 같은 어린이·청소년 책 작가들과의 만남, 미리 준비하고 기다리자!

〈라키비움J〉 독자들에게 이번 컨퍼런스 개최 소식이 반가운 이유는 평소 만나기 힘든 세계적인 작가들을 한자리에서 만날 수 있다는 점이다. 2022년 한스 크리스티안 안데르센 상 수상자인 이수지, 2026년 한스 크리스티안 안데르센 상 글 작가 한국 후보인 이금이, 2020년 아스트리드 린드그렌 상 수상자인 백희나, 2026년 한스 크리스티안 안데르센 상 그림 작가 한국 후보인 김동수, 한국의 대표적인 생태 동화 작가인 이상권, 2010년 볼로냐 아동 도서전 올해의 일러스트레이터 선정 작가 이기훈 등이 참여한다. 거기에 2024년 한스 크리스티안 안데르센 상을 수상한 세계적인 그림책 작가인 캐나다의 시드니 스미스, 2026년 한스 크리스티안 안데르센 상 일본 후보인 아베 히로시, 2018년 한스 크리스티안 안데르센 상 최종 5인 선정 작가인 호주의 대표적인 환경 그림책 작가 제니 베이커, 뉴욕 대학 아동 문학 석좌 교수 라라 사구이삭 등의 참가 소식은 독자들을 더욱 흥분시킨다.
이밖에 이란과 인도, 일본, 중국, 호주 등 아시아 태평양 13개 국가에서 참여하게 될 더 많은 작가와 연구자, 출판인, 사서, 활동가 등의 발표도 50여 개의 병행 세션으로 풍성하게 있을 예정이니 8월 30일과 31일은 미리미리 스케줄을 비워 놓도록 하자.

2025 IBBY 아시아태평양 국제 컨퍼런스에서 만날 수 있는 주요 작가 소개

백희나 | 더 이상의 설명이 필요 없는 대한민국 대표 그림책 작가로 한국을 넘어 현재 활동 중인 세계적인 그림책 작가로 손꼽힌다. 2020년 아스트리드 린드그렌 상을 수상했고, 《달샤베트》로 2022년 보스턴 글로브 혼북 상을 수상했다. 대표작으로는 《구름빵》《알사탕》《장수탕 할머니》 등이 있다.

김동수 | 어린이의 시선과 감성을 담은 따뜻하고 소박한 그림책을 펴내는 대한민국 대표 그림책 작가. 대표작으로는 《감기 걸린 날》《엄마랑 뽀뽀》《잘 가, 안녕》 등이 있으며, 여러 국제 도서전에서 호평을 받았다. 2026년 한스 크리스티안 안데르센 상 그림 작가 한국 후보이다.

이금이 | 대한민국을 대표하는 아동·청소년 문학 작가로, 1984년 동화 《영구랑 흑구랑》으로 새벗문학상에 당선되며 문단에 데뷔했다. 이후 40년 가까이 어린이와 청소년의 삶을 진솔하게 그려내며 작품 활동을 이어오고 있다. 주요 작품으로는 《너도 하늘말나리야》《유진과 유진》《알로하, 나의 엄마들》 등이 있으며 2024년에는 한국 최초로 한스 크리스티안 안데르센 상 글 작가 부문 최종 후보에 선정되었다.

제니 베이커 | 환경 보호와 생태계 보전을 주제로 한 그림책으로 널리 알려진 호주의 대표적인 환경 그림책 작가이다. 《Window》와 《Mirror》, 《Circle》로 호주에서 가장 권위 있는 어린이책 상인 호주 아동도서협회상을 세 차례 수상했다. 《Circle》은 한국어로 번역되어 《위대한 여행》으로 출간되었다.

이기훈 | 글 없는 그림책으로 독자들에게 상상력과 감동을 선사하는 대한민국의 대표 그림책 작가이다. 인간의 욕망과 환경 문제를 주제로 한 《양철곰》《빅 피쉬》《09:47》을 펴냈으며, 2010년 볼로냐 국제 아동도서전 '올해의 일러스트레이터' 및 'MENTION'에 선정되었다.

이상권 | 자연과 생명의 이야기를 통해 독자들에게 삶의 의미와 가치를 전달하는 한국의 대표적인 생태 동화 작가이자 소설가이다. 《위로하는 애벌레》《고양이가 기른 다람쥐》《소년의 식물기》《하늘로 날아간 집오리》 등 수많은 작품을 썼으며, 일부 작품은 중학교와 고등학교 국어 및 도덕 교과서에 수록되었다.

아베 히로시 | 일본의 대표 그림책 작가로 2026년 한스 크리스티안 안데르센 상 그림 작가 일본 후보이다. 동물원에서 사육사로 근무하며 동물과 깊은 교감을 나눈 경험을 토대로, 자연과 생명의 소중함을 전하는 그림책을 250여 권 이상 발표하였다. 한국에서는 〈가부와 메이〉 시리즈로 잘 알려졌다.

시드니 스미스 | 2024년 한스 크리스티안 안데르센 상을 수상했고, 케이트 그리너웨이 메달, 캐나다 총독상 등 국제적인 그림책 상을 여러 차례 수상한 세계적인 그림책 작가이다. 어린이와 어른 모두에게 감정의 깊이를 전달하는 감성적인 그림이 특징이며, 주요 작품으로는 《기억나요?》《괜찮을 거야》《나는 강물처럼 말해요》《거리에 핀 꽃》 등이 있다.

2025 IBBY 아시아태평양 국제 컨퍼런스 타임 테이블

DATE	TIME	PROGRAM	SPEAKERS
8/30	09:30	Opening ceremony	이수지 작가와 공연팀
	10:10~11:00	Keynote speech 1	라라 사구이삭 (뉴욕 대 아동문학 석좌교수)
	11:00~12:00	Keynote speech 2	제니 베이커
	13:30~14:20	작가 대담	이기훈, 김동수, 이상권
	14:30~15:30	Keynote speech 3	시드니 스미스
	15:50~17:00	Master class 주제 발표 1	아베 히로시 16팀
	17:00~18:10	주제 발표 2	20팀
8/31	09:00~09:20	낭독	이금이
	09:20~10:20	Keynote speech 4	아베 히로시
	10:30~11:40	Workshop 주제 발표 3	제니 베이커 16팀
	11:50~12:50	작가 대담	시드니 스미스, 백희나

◉ **일시** : 2025년 8월 30일~31일
◉ **장소** : 수원컨벤션센터(SCC)/경기도 수원시 영통구 광교중앙로 140
◉ **참여 방법** : 홈페이지를 통해 참가 접수를 받고 있다.(자세한 내용은 홈페이지 참고, 유료)
◉ **홈페이지** : www.apconference2025.org
◉ **문의** : apconference2025@kbby.org

QR코드를 찍으면
참여 신청 페이지로
연결됩니다.

★ 〈들개〉 한국 그림책 최초! dPICTUS 선정 ★

100 outstanding picturebooks 2025

• dPICTUS _진보적인 그림책 플랫폼으로 세계적인 그림책 평론가 12명이 매년 우수그림책 100권을 선정합니다. https://dpictus.com

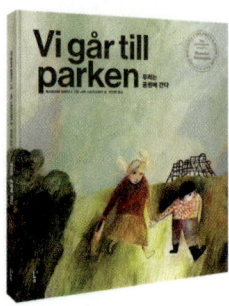

LOB 001 우리는 공원에 간다
★ 2022 볼로냐국제아동도서전 일러스트레이터 특별상 수상작

LOB 002 행복은 아주 작은 것들로부터
★ 2024 HIII BRAND Illustration WINNER

LOB 004 들개 | 조원희 | 스페인 저작권 수출

LOB 003 생각한다
★ 2015 BOKEN PAUW

LOB 005 해야 한다

📷 lop_publisher
✉ lobpublisher @naver.com

LoB Less Ordinary Books
롭은 그림책공작소의 단행본 레이블로 그림책의 지대를 넓혀갑니다.

안녕하세요. 그림책 전문 출판사 그림책공작소 대표 민찬기입니다. 그림책은 명료한 메시지를 시각적인 자극과 함께 강렬하게 전달합니다. 아이와 어른 모두에게 오해의 소지 없이 빠르고 정확하게 메시지를 전달하는 그림책은 힘이 셉니다. 남녀노소 모두가 대상인 만큼 생산자와 수용자 사이 계급이나 편견, 빈부 격차가 존재하지 않는 그림책은 마치 거대한 그릇 같습니다. 저는 지난 20여 년 동안 이 그릇에 작가의 글 그림을 돋보이게 담으려고 노력했습니다. 하지만 그림책은 만들수록 어려웠고, 한 번도 '완벽한 편집'이라고 확신할 수 없었습니다. 마치 오랫동안 숭배했지만 그 믿음의 끝을 알 수 없는 종교처럼. 이런 그림책을 널리 알리고자 '그림책의 지대를 넓히겠다!' 다짐하며 2023년 새 레이블 롭:LOB (Less Ordinary Books)을 론칭했습니다. 롭의 책들은 기획, 편집, 저작권, 디자인, 용지, 인쇄, 후가공, 볼륨, 정가, 장르까지! 그림책에 대한 기존 인식에서 조금씩 벗어났습니다. 출간 후에는 [유아] 분야가 아닌 [예술] 분야로 소개해 어른에게 적극 권하고 있습니다. 최근 몇 년, 그림책은 '아이들만 보는 책'에서 '아이뿐만 아니라 어른도 볼 수 있는 책' 정도로 여겨지기 시작했지요. 하지만 그걸로는 부족합니다. 문학적 소양이 충만하고 미학을 탐닉하는 어른들 누구라도 인정하고 볼 수밖에 없는 넓고 깊은 '그림책'이 되길 바랍니다. 앞으로도 롭은 그림책의 지대를 넓히기 위해 애써 책을 만들겠습니다. 새롭게, 자유롭게, 까다롭게!

더 멋진 모습이 되길 바라던 고드프리 마음에 변화가 생겼어요.
도대체 무슨 일이 일어난 걸까요?

Q. 개구리의 한 살이 표를 채워보세요.

알 ⋯▶ 올챙이 ⋯▶ 뒷다리가 쑥! ⋯▶ 앞다리가 쑥! ⋯▶ 나는 개구리예요! ⋯▶ ?

마지막 단계는 무엇일까요?

난 충분히 멋져

SEL
사회정서를 기르는
마음연습 그림책

나의 감정을 잘 인식하고 관리하며,
다른 사람과 소통하는 능력을 키우는
사회정서학습 SEL: Social Emotional Learning 의 첫걸음입니다.

수많은 다정한 말을 품고 자란 아이는 제힘으로 알을 깨고 자란다.
그러나 세상을 마주하며 "난 충분히 멋져."라고
말하기까지 수많은 어려움을 지나야 한다.
있는 그대로 자기를 받아들이고 또렷하게 말하기까지,
이 그림책은 아이가 자신을 믿고 사랑하는 마음이 자라게 돕는다.

✦ 이시내 초등학교 교사, 그림책 잡지 『라키비움J』 수석 기자

알렉스 라티머 글·그림 • 도은선 옮김

이메일 jforum1@gmail.com 전화번호 02-6949-0025 인스타그램 @jforum_official

Jpic

🌲 그림책 숲

느리게 가도 괜찮아! 나의 속도로 완주!
이혜원 작가의 첫 그림책

나는 발차기 중

글 그림 이혜원
브와포레 펴냄

출간일	2025년 5월 18일
쪽수	44쪽
판형	300 × 190 mm
ISBN	979-11-87991-35-9 (77810)
가격	18,500원
연령	4세 이상 누구나

물살이 아이의 등을 밀어주고 아이는 긍정의 힘으로 앞으로 나아갑니다. 순간과 찰나 사이로 아이는 자라납니다. 『나는 발차기 중』은 자신 앞에 놓인 물길을 헤엄치는 모든 아이들에게 보내는 그림책입니다.

― 고정순 (그림책 작가)

첫 창작 그림책으로 함께한 작가들

김다정 『이불 여행』　　김희연 『내 친구 무무』

서유진 작가의 환경·생태 그림책

『우리의 둥지』　　『네가 되는 꿈』

김성희 『괜찮아?』　　유가은 『행성-P』　　김희연 『엄마 품에 쏘옥!』

브와포레　전화 02-517-9630　이메일 boisforet99@gmail.com　인스타그램 @bforet00
웹사이트 boisforetmedia.com　스마트스토어 smartstore.naver.com/boisforet

여름 하면 시골, 시골 하면 우리!
시골 강아지들이 벌이는 여름밤의 사랑스러운 모험

호기심 대장 동구,
분위기 메이커 장군이,
반전 매력의 바둑이, 긍정왕 감자,
의리견 뽀삐와 애교쟁이 해피까지.
6견 6색의 친구들이 모여
여름밤 수박 서리에 나서는데…?!

바람그림책 164 **동구와 친구들**
김고운 글·그림

무언가가 사라지고, 또 다시 생기고.
우리는 변함 없는 친구 사이

우리는 친구 사이지만
너와 나 사이엔 수많은 '사이'가 있지.
그 사이 덕분에 우리는 서로 친구일 수 있어.
타인과의 관계를 묻는 아름다운 철학 그림책.

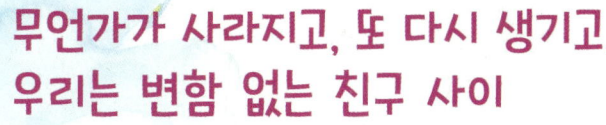

바람그림책 163
양과 늑대의 이야기 우리 사이에는

신순재 글 | 조미자 그림

더 많은 책을 보려면 천개의바람 블로그로 오세요 ▶

후기

오현수 / 두 자녀의 독립과 이사를 치르며 '그림책은 집' 라키 기사를 준비했다. 텅 빈 듯한 집 곳곳에서 발견되는 아이들의 흔적은 순간순간 시간 여행을 떠나게 했다. 소피 블랙올 작가가 전해준 '집의 층위', 우리의 삶이 층층이 지우고 덧쓰여지는 양피지 같다는 이야기가 더욱 와닿는 순간이다. 새롭게 시작되는 우리 부부의 삶에 그림책과 라키가 좋은 친구가 되어주길 기대한다.

이시내 / 첫째 생일 기념으로 뮤지엄 산에 간다고 하자, 중딩이가 물었다. "라키 기사 때문에 가는 거 아니고?" 뜨끔하고 찔렸지만, 뭐 이런 게 바로 일석이조 아닌가. 님도 보고 뽕도 따고, 마당 쓸고 동전 줍고, 기사도 쓰고 여행도 가는 거지. 사실 집에만 있는 게 가장 좋은 우리 가족이 라키 덕분에 삶의 반경이 조금씩 넓어진다. 다음 기사도 어떤 길로 우리를 이끌까 벌써 설렌다. 모쪼록 독자 역시 라키를 읽으며 세상이 더 다채로워지길 바란다.

임서연 / 집을 다루는 그림책이 이렇게 많나? 할 정도로 이번 라키에 담고 싶은 '집' 그림책이 참 많았다. 하긴, 특별한 경우가 아니라면 우리는 매일 집에서 편안함도, 즐거운 웃음도, 감동의 눈물도, 슬픔도 느끼니 당연할까요? 정성을 다해 집을 짓고 꾸미듯 이번 라키도 열심히 가꾸었으니 라키 안에서 웃기도, 울기도 하며 편안하길 바랍니다.

전은주 / 문해력이 가장 필요한 이유는 내게 일어난 일을 해석하고 의미를 부여하기 위해서다. 내 말이 아니라 OECD가 학생들이 행복한 인생을 살게 하기 위해 학교에서 무엇을 가르칠 것인가 연구 끝에 나온 얘기다. 똑같은 일을 겪어도 그 일이 내 인생에서 어떤 의미를 갖는지 이해할 수 있고, 의미를 부여할 수 있는 사람은 더 행복하다는 것이다. '글자 없는 그림책 읽는 법' 기사를 쓰는 동안 나도 문해력이 꽤나 좋구나 생각했다. 그림책을 읽으며, 아이를 키우며, 좁게는 라키를 만들며 들리지 않는 소리를 듣고, 말해지지 않은 감정까지 느끼는 재주가 일취월장했기 때문이다. 하하하. '글자 없는 그림책을 읽는 법' 기사에서는 더 잘 듣고 더 잘 읽어내는 방법을 소개하려고 애쓰느라 제일 쓰고 싶은 말을 못 썼다. "글자가, 소리가 없을 때는 다 없을 만한 이유가 있으니 답답해도 그냥 넘어가라"는 꿀팁 말이다. 왜 하필 나에게 이런 일이 일어났나, 내가 뭘 잘못했나 더 이상 알려고 하지 말자. 때론 눈을 흐리게 뜨고 지나가야 하는 시절도 있으니까. 만약 당신이 그런 시절을 보내는 중이라면, 나처럼 그러하다면 응원을 보낸다. 당신이 옆에 있다면 내가 다정하게 그림책 한 권을 읽어줄텐데….

표유진 / 이번 호도 재미있게 만들었다. 다음 호도 재미있겠지?

하예라 / 예능 프로그램 '뽕뽕 지구오락실'에서 당으로 끝나는 세 단어를 대는 퀴즈가 나오자 미미는 이렇게 외쳤다. "민주당, 새누리당, 공산당!" 라키비움J을 본 독자가 이 게임을 한다면 이렇게 외쳤으면 좋겠다. "마당, 어흥당, 예술의 전당!" 이웃집에 사는 그림책 작가의 마당, 그림과 먹을 것과 흥이 있는 문화공간 어흥당, 그리고 음악이 가득한 예술의 전당까지 모두 만날 수 있는 이번 호도 즐겁게 봐 주시길.